Inter-socialités

Bertrand Badie

Inter-socialités

Le monde n'est plus géopolitique

CNRS ÉDITIONS

15, rue Malebranche – 75005 Paris

ISBN : 978-2-271-13480-6

Introduction

Le mercredi 18 mars 2020, la présidente de la Commission européenne Ursula von der Leyen faisait au quotidien allemand *Bild* un aveu qui ne trompait pas : « Je pense que nous tous, qui ne sommes pas experts, avons sous-estimé au départ le coronavirus. » L'avant-veille au soir, Emmanuel Macron avait, à sa manière, confessé sa surprise : « Beaucoup de choses que nous pensions impossibles adviennent. Mais retenons ça : le jour d'après, quand nous aurons gagné, nous ne reviendrons pas au jour d'avant. » Quelques semaines auparavant, le président de l'« hyperpuissance américaine » faisait preuve d'assurance : « Nous avons la situation fermement sous contrôle », affirmait-il, avant de devoir constater que les États-Unis étaient devenus, en l'espace de quelques jours, la première victime de la crise sanitaire qui s'abattait sur la planète. L'ordre mondial devenait ainsi l'otage d'une insécurité humaine depuis longtemps annoncée, mais dont on ne voulait pas imaginer qu'elle défierait à ce point les lois sacrées de la géopolitique, les stratégies bien ordonnées, cette vieille vision issue des temps de l'absolutisme qui mettait le politique avant l'humain.... Pourtant, l'un des chantres de cette ancienne grammaire, Henry Kissinger, déclarait le 3 avril 2020, au *Wall Street Journal* que « la pandémie du coronavirus modifiera à jamais l'ordre mondial ». Lui, le tenant d'un rapport interétatique exclusivement fait de puissance, ajoutait qu'il convenait, face à ce défi, de « gagner la confiance du public » afin de garantir « la solidarité sociale, les relations entre sociétés, la paix et la stabilité internationales ». Les relations inter-sociales dépasseraient-elles ainsi, chez ce tenant de la realpolitik, l'objectif de paix entre États ?

Était-ce si nouveau quant au fond ? Laissons de côté la dimension sanitaire du sujet et penchons-nous, en reculant de quelques mois, sur un autre aspect de l'aventure sociale et de ses irrévérences politiques et internationales. Le 24 février 2019, le Premier ministre algérien, Ahmed Ouyahya, voyant monter une colère populaire, sociale et extra-partisane qui allait donner naissance au fameux *Hirak* (« Mouvement »), s'efforça d'y répondre publiquement en évoquant une peur qu'il allait chercher ailleurs, celle d'un « spectre syrien » qui désormais, selon lui, menaçait son pays : le social défiait une autorité impuissante tout en s'inscrivant dans un cycle international qui suscitait la crainte. Presque simultanément, Donald Trump contemplait, depuis la Maison-Blanche, un mouvement social hors normes, promu par les Gilets jaunes français, devinant sur-le-champ qu'il pouvait en faire un élément privilégié de sa diplomatie du tweet. L'aubaine était jugée telle qu'il s'y reprit à quatre fois : le 13 novembre 2018, à l'aube d'un mouvement dont il pressentait l'importance, pour railler la cote de popularité défaillante de son homologue français ; douze jours plus tard, pour reprocher aux manifestants de ne pas avoir suffisamment souligné combien les États-Unis avaient été maltraités par l'Europe ; le 4 décembre suivant, pour prétendre avoir entendu quelques porteurs de gilets chanter « *We want Trump* » dans les rues de Paris. Le 16 mars 2019, enfin, il saisissait la même occasion pour dénoncer, « à l'unisson du peuple parisien » auquel il déclarait son amour, les orientations de l'accord de Paris sur le climat, scellé en 2015 par la 21e conférence des parties sur les changements climatiques (COP21).

Tout semble dit à travers ces dernières références : l'ancrage international des mouvements sociaux qui font fi désormais des frontières et convoquent un imaginaire et une politique d'extraction mondiale ; le désarroi et l'impuissance d'un chef de gouvernement qui observe passivement la protestation populaire dans les rues d'Alger, qu'il ne comprend pas, qu'il ne catalogue pas, qui n'obéit plus à la grammaire politique qu'il tenait d'un monde aujourd'hui périmé ; sa promptitude à rapprocher ces événements de ceux qui, ailleurs et plus à l'est, donnèrent naissance à une interminable guerre civile qui atteignait alors le demi-million de morts. Comment s'étonner de son manque de réactivité, lorsqu'on constate que ses semblables, aux quatre coins du monde, se croient tenus de prendre position depuis chez eux, tout en perdant leur voix et une bonne part de leur imagination face à des événements qu'ils savent appartenir désormais à l'agenda international tout en restant politiquement insaisissables ? Le ministre français des Affaires étrangères, Jean-Yves Le Drian, se réfugie ainsi quelques jours après Ahmed Ouyahya dans des formules dont l'originalité ne convainc guère : « Il faut que l'Algérie trouve l'impulsion nécessaire pour faire face aux défis qui sont devant elle et l'impulsion nécessaire pour répondre aux aspirations de son peuple. » Suivant un autre automatisme, l'ambassadeur de Chine à Alger « soutient l'Algérie et s'oppose à toute ingérence étrangère dans ses affaires intérieures ». L'Union européenne active son logiciel en appelant « au respect de l'État de droit »... Nul ne s'y trompe et chacun sait le dire dans son propre langage : au-delà d'un certain seuil, un événement social, crise sanitaire ou explosion contestataire, est aujourd'hui un événement international devenu incontrôlable et périlleux pour tous, dans sa capacité proactive, mais aussi dans son identité largement nouvelle de paramètre inédit ou d'acteur novice du jeu international !

Mais les propos de Donald Trump nous en disent davantage : certaines dynamiques sociales produites chez les autres peuvent être aussi une aubaine diplomatique. Au-delà des vieux canons de la non-ingérence, elles offrent une opportunité pour affaiblir, voire entraver, le prince rival, pour lui confisquer le peuple qu'il est censé gouverner, pour se saisir de la société voisine afin d'en faire un instrument de sa propre diplomatie. Le président américain n'a pas été le seul à instrumentaliser le mouvement social français qui s'était dressé face à Emmanuel Macron : le vice-président du Conseil italien, Luigi Di Maio, s'était rendu, le 5 février 2019, dans la bonne ville de Montargis afin d'immortaliser, par une série de photos, sa solidarité avec des Gilets jaunes qui se portaient candidats aux élections européennes ; son associé-rival, Matteo Salvini, y était allé de son tweet de soutien. Bien plus tôt, le 9 décembre précédent, Vladimir Poutine et Recep Tayyip Erdogan avaient déjà su en faire usage, tandis que le porte-parole du ministère iranien des Affaires étrangères, Bahrâm Ghâsemi, avec une pointe d'ironie, ne manqua pas en cette occasion d'« appeler à la retenue » les autorités et la police françaises jugées par trop répressives ! De façon encore plus scabreuse, Donald Trump parle de « virus chinois » à propos du Covid-19, érigé en « ennemi de l'Amérique », certains, dans son entourage, n'hésitant pas à l'assimiler au communisme : décidément, le social tend à devenir l'objet de toutes les manipulations politiques, même les plus naïves !

Cette instrumentalisation diplomatique ne nous conduit pas pour autant au fond des choses : faire parler à son profit le peuple des autres, ou pire encore la souffrance des autres, n'est pas nécessairement nouveau, même si les moyens modernes de communication mènent bien plus loin qu'autrefois. Donald Trump pouvait bien sûr affirmer à la face du monde entier que le bon peuple de Paris l'acclamait, même s'il utilisait pour cela des images d'une manifestation londonienne qui prétendait soutenir un militant d'extrême droite, Tommy Robinson. L'instrumentalisation politique peut ouvrir à bien des abus et transformer la scène internationale en un jeu complexe d'invectives bousculant les codes diplomatiques d'antan. Pourtant, un tel jeu a ses limites : tout juste vient-il heurter de plus en plus communément les sensibilités souverainistes. La vraie nouveauté tient au rôle désormais *proactif* de ces dynamiques sociales, leur intensité croissante et leur capacité de créer l'événement sur une scène internationale plus décloisonnée que jamais. L'année 2019 aura marqué l'histoire par cette profusion de mobilisations qui ont affecté un ensemble disparate de sociétés de par le monde : de Port-au-Prince à Paris, d'Alger à Santiago du Chili, de Bagdad à Quito, Beyrouth ou Téhéran, des millions de personnes ont pu défiler avec des slogans qui se ressemblaient, avec des interactions qui les réunissaient, d'un continent à l'autre, et malgré les différences de contexte. Le phénomène peut s'imposer aussi par simple projection internationale : le 25 mai 2020, la mort de George Floyd, provoquée par la brutalité de policiers de Minneapolis, crée immédiatement de fortes mobilisations internationales contre un crime jugé raciste et devient un événement mondialement sensible, relayé par des manifestations à Londres, Toronto, Berlin, Dublin, Paris, Zurich et jusqu'en Nouvelle-Zélande. L'ambassadeur américain au Zimbabwe est convoqué et les porte-paroles des ministères chinois et iraniens des affaires étrangères dénoncent violence et racisme aux États-Unis. Vladimir Poutine parle d'une « crise interne » chez son rival américain : non seulement le statut de la superpuissance est mis en jeu, mais la diffusion de l'événement vient aussi recomposer les vies politiques d'un grand nombre de nations.

Ces orientations nouvelles repeignent l'international à leurs couleurs, créent un nouvel agenda, projettent de nouveaux acteurs dans une arène jusque-là réservée, et même aseptisée à coups de protocoles et de connivences diplomatiques. L'année 2020 aura brutalement confirmé la tendance en plaçant cette fois le monde entier, politique, économique et stratégique, sous la coupe d'une crise sanitaro-sociale sans précédent. Autant de manifestations en grande partie nouvelles qui ont un dénominateur commun fort, en ce qu'elles replacent le social, exprimé ou subi, au centre du jeu international, de manière non pas conjoncturelle mais essentielle et durable.

Plus encore, ces expressions inédites font l'histoire et l'événement : ce que dix-huit mois de sanctions renforcées, décidées par le maître de la plus grande puissance mondiale, n'avaient pas réussi à faire, des manifestants défilant à Beyrouth, à Bagdad ou à Téhéran semblent en mesure de l'imposer. Si les États-Unis ne sont pas parvenus à faire plier la République islamique par le simple jeu de la puissance, la rue irakienne ou libanaise, puis celle des villes iraniennes, dès le 15 novembre 2019 à Ahvaz, exercèrent une pression inédite qui se révéla plus embarrassante pour les « conservateurs » au pouvoir à Téhéran. Les incendies successifs des consulats iraniens à Bassorah (septembre 2018), à Karbala (3 novembre 2019), et à Nadjaf (27 novembre), auxquels s'ajoute le souvenir de la manifestation anti-Hezbollah devant l'ambassade d'Iran à Beyrouth qui fit un mort le 6 juin 2013, montrent où sont désormais les acteurs les plus redoutables et où sont les vraies cibles. Voilà qui rejoint la lecture des formes nouvelles de conflictualité internationale, qui ne sont plus dominées par le choc des armées mais par la souffrance de populations civiles, otages d'un jeu où le choc de puissances n'est plus l'essentiel : les « guerres » au Sahel n'ont plus qu'un vernis géopolitique, là où elles résultent plutôt d'une infinité de souffrances sociales qui mobilisent désespérément, de la désertification qui prive de terres et de la pollution qui aggrave ce déficit, de l'insécurité alimentaire qui va croissant, des rivalités tribales et communautaires qu'une absence d'institutions rend insolubles et d'une précarité sanitaire rythmée d'épidémies dévastatrices. De même, trente ans de néolibéralisme échevelé n'ont jamais été sérieusement remis en cause nulle part, malgré tant de dysfonctionnements et d'échecs : un virus lâché dans la nature décide, en revanche, les plus libéraux des dirigeants à proclamer que ce monde pensé par l'école de Chicago est définitivement révolu. La souffrance sociale impose sa loi un peu partout, directement ou non, laissant la politique dans l'impuissance ou l'indifférence ! Alors que le social était naguère perçu comme la part molle de notre monde qui semblait régi par un politique dur, les deux instances semblent avoir aujourd'hui échangé leurs attributs.

À telle enseigne que le social s'installe au centre même du jeu international jusqu'à s'ériger en arbitre de plus en plus affirmé. La mobilisation populaire qui a suivi l'assassinat ciblé du général iranien Ghassem Soleimani (3 janvier 2020) peut en témoigner : rassemblant subitement une foule déferlante un peu partout au Moyen-Orient, elle semblait annuler la protestation anti-iranienne qui avait dominé les mois passés. La tragédie de l'avion ukrainien abattu par une erreur probable de la défense anti-aérienne iranienne le 8 janvier réorienta brutalement les manifestations en sens inverse. Ainsi, la rue vida d'abord de sa substance le choix stratégique américain en désignant Téhéran comme victime, puis priva la République islamique de sa part de revanche en sanctionnant la maladresse tragique de sa riposte. L'histoire diplomatique change de scribe : tout au long de cet épisode dramatique, elle se révèle à la merci de trois postures sociales qui se succèdent à un rythme soutenu et sur un mode parfaitement contradictoire. Ces mutations sont accompagnées et aidées en cela par les nouvelles technologies de communication, le nouveau statut de l'information et de l'image, la transformation et singulièrement la mondialisation des imaginaires sociaux : l'humain s'installe de façon sophistiquée au centre de la scène internationale et nul ne pourra plus l'en déloger.

Encore n'est-ce là que la partie la plus spectaculaire des bouleversements : ce durcissement du social a une signification beaucoup plus étendue, ne se limitant pas aux seules tragédies sanitaires ni aux seuls mouvements sociaux, pour profiter à quantité d'acteurs. Derrière cette mobilisation internationale des sociétés, les entrepreneurs d'opinion, médias, réseaux sociaux, lanceurs d'alertes, mais aussi fabricants de *fake news* ou hackers en tous genres, mettent leur science et leur art au service d'acteurs privés qui peuvent modeler et remodeler les relations internationales à leur gré. Viennent ensuite les acteurs économiques, libérés de bien des carcans ; les acteurs religieux, dont on ne cesse de parler et dont l'importance mobilisatrice est inversement proportionnelle à la « sécularisation » qu'on cherche bien hâtivement à faire rimer avec modernisation. La question se complique ici du dilemme qui nous accompagnera tout au long de ce livre : ce social à l'œuvre est-il sujet ou instrument ? Désigne-t-il les nouveaux décideurs du monde ou est-il l'instrument trompeur d'une puissance plus ou moins cachée ? En fait, la réalité sociale qu'on oublie de regarder en face renvoie à une totalité, à une complexité, celle d'une agrégation d'acteurs jouant *ensemble* et s'imposant *ensemble*. Si ce nouveau monde a ses manipulateurs, il n'a pas forcément ses stratèges tout-puissants et occultes qui plaisent tant à l'esprit simple des amateurs de complot... Le social est collectif, irréductible aux stratégies individuelles, comme l'a énoncé Émile Durkheim[1], qui semble aujourd'hui avoir plus que jamais raison ; il lie entre eux les acteurs, les enjeux, les mobilisations, sans dériver de choix politiques hiérarchiquement calculés ; il est à tous et à personne ; il met en évidence, selon la formule de Marcel Mauss, des « faits sociaux totaux », c'est-à-dire qui engagent tout ou partie de la société, de ses acteurs, de ses valeurs, de ses institutions[2]. C'est cette totalité, cette interdépendance et cette inclusion croissantes, qui font aujourd'hui les relations internationales, devenues de plus en plus *inter-sociales*, loin des simplismes géopolitiques. Par ce nouveau concept, nous désignons toute relation sociale de pertinence internationale qui conditionne le jeu des États et qui se construit, non pas sous le choc de puissances, mais au gré d'interactions impliquant des sociétés ou des groupes sociaux, sous l'effet de ce qu'ils énoncent, de ce qu'ils accomplissent ou des conséquences de leur comportement.

Il s'agit donc bien d'un changement de grammaire internationale. En fait, la rupture est double. Elle s'impose de façon évidente quand on considère le contexte qui dominait en 1945, moment décisif marquant l'envol de la science contemporaine des relations internationales. L'ambiance était alors à la valorisation de la puissance, celle qui s'était révélée capable de terrasser le monstre nazi et qui s'apprêtait à défendre le « monde libre » face au totalitarisme soviétique. Autant dire que la puissance étatique était alors tenue pour bonne autant qu'efficace, et qu'elle se devait d'écrire seule les codes des relations bipolaires qui se profilaient. Qu'y avait-il d'autre susceptible alors de la dépasser ?

1. Durkheim, 2009 [1894].
2. Mauss, 1973 [1923].

Le règne du « diplomate et [du] soldat » ne serait plus discuté[3]. Hans Morgenthau – qui s'est très vite imposé comme le grand prêtre d'une école réaliste presque monopolistique – n'écrivait-il pas dès 1948, dans son ouvrage fondateur, que « la politique internationale [était] une lutte pour la puissance[4] » ? À peine concédait-il que « les nations [pouvaient] s'engager autrement dans l'arène internationale », tout en rappelant immédiatement que « seule la puissance comptait »[5]. Ces affirmations, qui restent au centre de la grande théorie réaliste, sont encore présentes dans l'inconscient politique et scientifique, et nourrissent même souvent le discours commun sur la paix, la guerre ou le jeu international. Elles pouvaient aider à comprendre la vie internationale d'alors, peut-être même jusqu'à la chute du mur de Berlin. Même si, dans les timides réserves avancées par Morgenthau, on devine que les systèmes sociaux avaient leur place dans l'arène, à travers la compétition idéologique, le *soft power* ou la pertinence internationale de la lutte des classes, nul ne contestait alors que la puissance tranchait toujours en dernière instance, aussi fragiles ou illusoires que fussent ses arbitrages. Nul n'envisageait le social autrement que dans sa marginalité au sein de l'espace mondial, et en fait sa mise à l'écart finale par le souverain arbitrage de la puissance. Aujourd'hui, ce livre veut montrer qu'il en va différemment, que le social irrigue de manière décisive chacun des faits internationaux, et décide même de la guerre et de la paix, selon des modalités qui invalident tout usage présomptueux de la puissance.

C'est ici qu'intervient la seconde rupture. Passé les moments les plus durs et les plus brutaux de la guerre froide, la théorie des relations internationales a accompagné la détente en forgeant une variété d'approches plus nuancées, mais qui se rejoignaient toujours dans le commun refus de la sociologie. Alors que renaissait le courant libéral en relations internationales, celui-ci élargissait la perspective, tenait compte des acteurs non étatiques, et soulignait notamment leur « interdépendance complexe » au sein de l'arène

3. Aron, 1962.
4. Morgenthau, 1948, p. 27.
5. *Ibid.*, p. 28.

internationale, tout comme le besoin ardent de coopération internationale[6]. Mais l'État, attributaire exclusif d'une puissance non discutée, restait encore le seul régulateur possible et le perpétuel décideur, dans l'ignorance des dynamiques sociales. Ce courant s'orientait, dans le sillage de Woodrow Wilson, vers la définition de « régimes internationaux », d'institutions publiques capables de promouvoir la coopération internationale et d'organiser la paix[7]. Même si une place était faite, dans cette perspective, aux autres acteurs, ceux-ci n'avaient pas accès aux déterminants de la guerre ni au jeu dur de la conflictualité ; ils ne remettaient pas en cause non plus les principaux fondements de la politique étrangère, où ils n'intervenaient qu'en tant qu'acteurs de pression. Fidèles à leurs ancêtres John Locke ou Emmanuel Kant, ces auteurs restaient dans une vision très classiquement politique de la guerre et de la paix.

Côté réaliste, les évolutions pouvaient sembler décisives : Kenneth Waltz, le principal réformateur du courant, inventeur du « néoréalisme », fondait son approche sur une séparation nette, militante et sans concessions, entre les relations internationales et la sociologie[8]. Son propos était clair : le système international affiche une spécificité qui le détache de tous les autres systèmes sociaux et surtout qui l'amène à avoir ses propres principes d'équilibre et de régulation. Il est constitué d'unités homogènes (les États) et d'une ressource à nulle autre pareille (la puissance). C'est cet ensemble, et la position de chaque État en son sein, qui façonnent la politique internationale au jour le jour : le propre d'un gouvernement est d'agir souverainement dans ce cadre pour améliorer sa position, y compris par la guerre s'il le faut. En fait, le cercle est parfaitement fermé, voire vicieux : les États seuls font le système international, lequel refait perpétuellement chacun des États. Par rapport aux grands ancêtres, des changements intéressants apparaissent : on n'est plus exactement dans la ligne anthropomorphique de Thomas Hobbes. Détente oblige, il faut apporter de sérieux amendements à la pensée du

6. Keohane, Nye, 1977.
7. Ruggie, 1998 ; Keohane, 1984.
8. Waltz, 1979, Waltz, 1991 ; Rothstein, 1991.

grand philosophe anglais, père de notre modernité politique : les États ne sont plus considérés comme des souverains ferraillant à l'infini au nom de leurs seuls intérêts, mais comme les éléments d'une sorte de « puzzle » dont l'organisation globale commande la conduite de chacun. Cependant, cet ordre se veut exclusivement politique, fait d'équilibres militaires, de polarité et d'alliances : le social ne passe pas ! Les études de relations internationales se calent définitivement sur la course aux armements, qui fait l'objet d'un nombre infini de travaux, l'évolution de l'équilibre entre puissances ou la détection des grandes stratégies. Le reste est négligé et les politiques étrangères sont comme protégées de toute référence aux sociétés.

Tout le problème est là : si ces postures pouvaient faire illusion à l'époque bipolaire, elles peuvent difficilement convaincre aujourd'hui de leur exclusive pertinence. S'en tenir à elles seules au temps de la détente était déjà faire preuve d'une myopie, voire d'une certaine cécité, qui explique que nul ne vît venir la chute du mur de Berlin ni le réveil du Sud[9], et que la mondialisation qui se profilait restât en marge des travaux menés par les internationalistes de l'époque. Quelques francs-tireurs commençaient pourtant à se faire connaître : l'Australien John Burton hasarda l'hypothèse, dès les années 1970, d'une « société mondiale » faite d'une multitude d'acteurs enchevêtrés générant une politique internationale qui n'était pas seulement de facture intergouvernementale[10]. Robert Jervis, en pionnier, s'interrogea sur les « perceptions et les fausses perceptions » dans le jeu international, se rapprochant ainsi de l'humain ordinaire[11]. Plus tard, aux États-Unis même, et alors que le mur de Berlin tombait, James Rosenau, mal compris et décrié par ses congénères malgré un passé académique reconnu, commença à attirer l'attention sur le rôle « turbulent » d'acteurs non étatiques, sociaux et transnationaux dans le nouveau jeu mondial qui devenait ainsi « dual », intergouvernemental et social[12] : à peine privait-on alors le

9. Badie, 2018.
10. Burton, 1972.
11. Jervis, 1976.
12. Rosenau, 1990.

marxisme du monopole de l'étude des firmes transnationales... Mais c'est en France, pays de Durkheim et terre universitaire alors peu prompte à imiter les États-Unis, que démarrèrent, somme toute assez tôt, quelques vagues projets d'une sociologie des relations internationales[13].

Aujourd'hui, seuls la nostalgie et l'entêtement théorique peuvent servir d'excuse. Les trois piliers de l'ordre international néoréaliste se sont en effet effondrés ou presque : il n'y plus de polarisation capable de l'organiser, de structurer les politiques étrangères et d'ordonner les enjeux[14] ; la puissance militaire n'est plus décisive, elle ne suscite plus de victoire et se trouve dans l'incapacité d'organiser l'ordre international[15] ; tandis que les alliances perdent de leur stabilité, se noient dans la fluidité des rapports entre États et réservent des surprises qui conduisent par exemple Emmanuel Macron à s'inquiéter de la « mort cérébrale » de l'OTAN, la plus célèbre d'entre elles...

En fait, ce décès annoncé ne menace pas seulement une composante de l'ensemble, mais toute une vision qui est aujourd'hui en survie artificielle, par l'acharnement de princes qui ne veulent pas voir le nouveau monde tel qu'il est, et de savants qui ne veulent le penser qu'à la manière d'autrefois. C'est toute une conception « géopolitique » des relations internationales qui se trouve ébranlée et remise en cause, celle qui gouverne encore les manuels et les pensées, alors que le monde n'est plus principalement « géo- » et qu'il est beaucoup moins politique. D'une part, l'abolition des distances consécutive à la révolution des communications a eu des implications autrement plus importantes qu'on a pu d'abord le croire : elle explique notamment une pandémie qui a pris le monde par surprise, et rappelle que, sans disparaître physiquement, les territoires ont perdu de leur pertinence politique et les frontières ont régressé dans leur efficacité, tandis que les imaginaires se sont mondialisés – autant de mutations profondes qui ont remis en cause l'exceptionnalité de l'international telle que proclamée par Kenneth Waltz, et qui ont

13. Vernant, 1952 ; Merle, 1974 ; Devin, 2002.

14. Haass, 2008.

15. Badie, 2005.

permis aux relations sociales banales d'envahir tous les espaces relâchés du jeu international. Ceci d'autant plus que la globalisation de celui-ci a introduit sur la scène mondiale des cultures extra-européennes qui ne donnent pas le même sens au principe étroit de territorialité qui était à la base du vieux système westphalien, celui que connut l'Europe de la paix de Westphalie (1648) à la chute du mur de Berlin. Le transnational et le transculturel tendent à l'emporter sur la belle marqueterie territoriale de jadis !

D'autre part, le monde est de moins en moins politique : même si elle peut être tenue pour précaire, la victoire du néolibéralisme, construite dans une telle ambiance de post-bipolarité, a été marquée par l'avènement d'une suprématie presque sacrée du marché sur le politique. Si cet ascendant est désormais contesté, son principal pourfendeur se trouve dans le champ social et dans celui des mobilisations humaines, bien plus que dans l'ordre étatique et gouvernemental classique, cher à nos réalistes, classiques ou réformateurs. La tectonique des sociétés, l'entrechoquement des dynamiques sociales, tantôt convergentes pour dénoncer l'ordre économique mondial, tantôt conflictuelles pour opposer des intérêts particuliers, l'emportent désormais sur le jeu diplomatique policé ou sur l'affrontement militaire codifié. Dans cette ambiance, le concept d'intérêt national, un temps fétichisé, perd de son sens et dévoile sa nature illusoire face à un impressionnant émiettement des intérêts sociaux et face à la pluralité de leur habillage culturel. La guerre n'est plus une confrontation d'intérêts collectifs gravés dans le marbre par une parole gouvernementale pleine de sa légitimité, mais résulte d'un jeu effroyablement complexe d'intérêts particuliers, s'entremêlant, s'unissant puis s'opposant au gré des conjonctures : cette subtilité qui devient le tourment des stratèges d'antan fait le régal des entrepreneurs de violence, de Boko Haram à Daech, peut-être plus aptes, par leur configuration plus souple, à recueillir les fruits de ces nouveaux chocs.

Ce que la guerre ou, plus exactement, les « nouveaux conflits internationaux », arrivent à faire, les programmes de paix tendent tout naturellement à le répliquer. Au-delà des thématiques classiques, nourries d'équilibre des forces, de désarmement et de sécurité collective, la paix gagne, à son tour, ses parures sociales. C'est ainsi que le PNUD (Programme des Nations unies pour le développement) a inventé, en 1994, le concept de sécurité humaine, proclamant haut et fort que la paix signifiait désormais la libération des humains d'une peur essentiellement sociale, liée notamment à l'incertitude alimentaire, aux menaces sanitaires, aux risques environnementaux, aux fragilités économiques, à l'irrespect des cultures minoritaires, à l'ignorance des droits humains et aux déficiences institutionnelles. La conception militaire de la sécurité est alors présentée par certains comme un « vestige » (*left over*)[16]. Belle intuition des crises qui nous menacent aujourd'hui (sanitaires, alimentaires ou climatiques), belle prémonition des paramètres qui feraient, quelque deux décennies plus tard, l'ordinaire des conflits sahéliens ou congolais comme de la plupart des conflits du Sud. Face à quoi, la pensée stratégique du maréchal Galliéni (1849-1916) ou même celle du colonel Galula (1919-1967) – qui semble encore inspirer la plupart des expéditions militaires descendant du Nord vers le Sud – prennent soudain comme un goût d'archaïsme...

On atteint alors le cœur même de notre sujet : l'arène internationale n'est plus tapissée de cette savante juxtaposition d'États plus ou moins puissants et définitivement souverains, exclusivement animés par des princes de foi démocratique ou autoritaire ; elle est désormais tendue d'un tissu social extrêmement sensible qui conditionne de plus en plus ses dirigeants et ses armées, explicitement ou non, par les urnes ou par la force, par la crainte ou par l'effet de surprise. Nul ne prétend que le politique s'en trouve éteint, mais il perd son monopole, et même sa proéminence et sa maîtrise de l'agenda : un Printemps arabe ici, une décomposition sociale là au cœur du Sahel, Ebola au Congo, le coronavirus partout, l'augmentation du prix des carburants ou une taxe nouvelle sur l'un des continents, et c'est la face même des relations internationales qui s'en trouve transfigurée... L'algorithme des savants ou le plan des stratèges n'avaient pas su prévoir tant de turbulences, tandis que les princes, tout à leur surprise, crient au complot et dénoncent les « *bad guys* », les « hydres » de toute sorte, ou évoquent la fatalité, oubliant tous l'explication

16. James, 2014.

principale, celle que Durkheim, il y a plus d'un siècle, nommait froidement « pathologie sociale[17] »...

À pathologie nouvelle, traitements nouveaux, ou, du moins, effort pour les imaginer. Le paradoxe est là : le jeu politique commande de s'emparer de l'inédit pour se créer de nouvelles opportunités, ou de le mettre au placard pour persister dans l'erreur. Nul doute que cette nouvelle face sociale des relations internationales a considérablement activé des formes inédites de politiques palliatives, notamment la diplomatie électorale de Donald Trump, ou même, plus tôt, certains aspects de la diplomatie néoconservatrice de George W. Bush. En même temps, elle a laissé intactes les interventions militaires des vieilles puissances au sein du nouveau monde, malgré le cortège d'échecs qu'elles ont entraîné. Flatter ou soulager une société de plus en plus sensible tout en sauvegardant les vieilles cultures de puissance devient un principe commun des politiques étrangères d'aujourd'hui. Les sociétés, elles, réagissent, s'adaptent, comme en témoigne le rôle croissant des organisations non gouvernementales (ONG), locales ou transnationales, dans ce nouveau jeu mondial, conflictuel ou coopératif ; il en va de même des collectivités territoriales, des forums sociaux, mais aussi, sur d'autres modes, des acteurs religieux comme des opérateurs économiques. Tantôt au nom de la paix, tantôt pour la cause contraire, ces intrus se révèlent plus actifs, plus inventifs, plus modernes que des États, ankylosés par leur certitude ou au contraire affaiblis par leur rachitisme institutionnel ou leur défaut de légitimité.

C'est l'analyse de cette conquête sociale de l'international qui sera au centre de ce livre. Ou plutôt faudrait-il parler de *reconquête* : l'obsession westphalienne propre aux vieilles puissances a fait oublier qu'il y avait une vie avant la vie, que le social se confondait avec le mondial avant que ne fût inventée une culture moderne et européenne de l'international ! Le premier temps de notre démarche interrogera donc l'histoire et fera ainsi place à la pluralité : on verra comment jadis, y compris sur les terres du Vieux Continent, le mondial, dans ses modestes dimensions d'alors, appartenait au social, comme d'ailleurs un peu partout, en Afrique

17. Durkheim, 2009 [1894].

comme en Chine. La révolution westphalienne construisit un écran politique qui sépara l'international des sociétés : mais il le fit de manière fragile, voire ambiguë, si bien que ce cloisonnement ne s'imposa jamais totalement, sauf dans l'esprit des princes qui surent en faire un privilège (première partie). Il nous faudra ensuite comprendre comment ce schéma intellectuel – et institutionnel – s'est peu à peu décomposé, comment les premières infiltrations sociales remirent en cause de fait (mais rarement de droit) les vieux schémas, inventant des pratiques nouvelles, des conflits inédits, des enjeux originaux et tragiques, des événements internationaux jusque-là inconnus, des acteurs rarement rencontrés, des comportements ignorés sur cette scène autrefois si policée et toujours aussi cruelle (deuxième partie). Enfin, il nous faudra examiner comment ce nouveau contexte commande de nouvelles diplomaties, des politiques étrangères adaptées et des institutions pertinentes : ce nouveau système international précède le politique, qui est devenu réactif face à un monde que ses gouvernants ne voient pas, mais que ceux qui en souffrent comme ceux qui en profitent ont déjà su imaginer (troisième partie) ! Tant il est vrai que la vieille puissance sert plus l'ego des princes qu'elle ne satisfait le besoin des sociétés.

Première partie

Comment les sociétés s'exprimaient jadis sur la scène internationale

Ne nous laissons pas abuser par la rigidité des typologies : les expériences internationales des sociétés sont diverses, volatiles, souvent à la frontière de modèles que l'observateur fige naïvement dans des catégories préfabriquées. Mais ne tombons pas non plus dans l'excès inverse : l'histoire n'est pas uniforme, ni davantage immuable. Nous évoluons aujourd'hui dans la mondialisation en étant convaincus que tout le monde pense comme nous, comme si chacun avait été exposé aux mêmes expériences, comme si Thucydide et Hobbes avaient un droit de préemption sur les imaginaires chinois ou africains, et comme si nos pratiques d'hier allaient inspirer nos réussites de demain... L'hypothèse est de considérer ici la diversité spatiale et temporelle comme une des clés de l'énigme que nous avons posée : les sociétés ont été exclues du jeu international à un moment de l'histoire occidentale, sous l'effet de facteurs précis, alors que cette séparation ne faisait pas sens auparavant ni ailleurs. Mieux encore : on peut penser que de vieilles pratiques, antérieures aux mœurs westphaliennes, refont surface aujourd'hui, alors que cette parenthèse tend à se refermer. De même, ne simplifions pas : il n'y a pas « nous et les autres », mais une pluralité d'histoires inscrivant chacune à sa façon le jeu social dans les relations internationales : l'expérience des unes ne saurait se confondre avec celle des autres ni en modifier la mémoire.

Une illusion en cache toujours une autre : les sociétés ne sont pas non plus des êtres de raison et ne jouent pas sur la scène internationale à la manière d'un acteur. Si Émile Durkheim reconnaît à chaque société la qualité d'« être psychique », d'individualité, il se garde bien de lui donner un contour anthropomorphique[1].

1. Durkheim, 2009 [1894].

L'individualité des sociétés tient notamment à l'effet d'un ressort politique, à leur commune exposition à un même jeu de pouvoir qui non seulement leur impose les mêmes normes, les mêmes exigences et les mêmes contraintes, mais vient aussi les insérer dans une même histoire de mobilisation. Quand le changement social est actif et les défis collectifs à relever nombreux, le pouvoir est amené à s'affirmer : la société gagne alors en densité et se trouve davantage exposée à l'international. Au fil des siècles, Français, Africains ou Chinois, même les plus transgressifs, forgent ainsi une expérience de l'international qui leur est propre, qui est appelée à durer dans sa forme, mais aussi à évoluer dans ses modalités. C'est cette histoire qu'il convient de conter et de comparer ici (chapitre 1). Nous en viendrons ensuite à prendre en compte l'histoire occidentale qui a peu à peu remis en question la séparation westphalienne entre le social et l'international qu'elle avait pourtant inventée (chapitre 2), pour considérer enfin le choc contemporain entre plusieurs conceptions de l'international, surprenant et mettant mal à l'aise celles et ceux qui croyaient – et qui parfois croient encore – en l'unicité d'un modèle politique de l'international (chapitre 3).

Chapitre 1

Les multiples tentations internationales du jeu social

La Paix de Westphalie (1648), qui est censée avoir inauguré la conception moderne de l'international, est en fait intervenue bien tard, alors que l'aventure humaine avait déjà, partout dans le monde, accumulé de nombreuses expériences. Le rapport à l'autre, même lointain, avait été forgé au fil de pratiques nombreuses et variées que nul ne pouvait plus chasser définitivement de sa conscience politique. À la croisée des cultures et des pratiques, des modèles s'esquissaient et se théorisaient déjà. Nous proposons ici deux variables qui vont uniformément peser sur l'histoire longue : l'une touche à la conception même de l'altérité, et l'autre aux modalités de cette mise en relation avec l'autre extérieur. La première distingue entre les sociétés qui envisagent l'autre comme une part de l'universel et celles qui mettent au contraire en évidence son irréductible particularité. La seconde cherche à définir l'acteur privilégié qui est appelé à gérer ce rapport à l'altérité : l'acteur politique seul, son substitut, ou une société qui se veut maîtresse de son propre jeu international.

La première distinction est évidemment essentielle : l'autre peut être d'abord cet irréductible étranger avec lequel il conviendra de négocier une coexistence plus ou moins pacifique et plus ou moins dominatrice, en fonction notamment des rapports de force ; mais on ne cherchera pas pour autant à transcender son identité, à le convertir ni à l'intégrer dans une cité de l'identique. Tel est le propre de la construction *particulariste* de l'international. Mais l'autre peut être aussi pensé et conçu à travers *l'universel*, avec la volonté de l'insérer à terme dans un ensemble uniforme, effaçant peu à peu les différences institutionnelles et culturelles qui le distinguent. Ici aussi, la perspective peut être plus ou moins pacifique et dominatrice. Telle est l'orientation de la conception *universaliste* de l'international. Il s'agit bien sûr d'idéaux-types qui tranchent avec la complexité de l'histoire propre à chaque société, mais dont les orientations rendent compte de regards et de pratiques dont la différence est encore perceptible aujourd'hui. Le premier type se retrouve dans des histoires aussi variées que celle de la Chine, des sociétés africaines, du judaïsme et de l'hindouisme. Le second est communément partagé, sous des modes très différents, par les histoires liées aux religions universelles, comme le christianisme, l'islam et, à un moindre degré, le bouddhisme.

La seconde distinction ne porte pas sur la perception de l'altérité mais sur le mode d'approche de celle-ci et sur le type d'acteur apte à la gérer. Trois situations semblent s'être imposées au fil de l'histoire. Une première qui met en avant le rôle privilégié du *politique* sous des formes diverses, auquel se trouve reconnue la prédominance dans la gestion de l'international : on y retrouve aussi bien les formes impériales pérennes et institutionnalisées, à l'instar de la trajectoire chinoise, que le modèle interétatique westphalien. Une deuxième se construit autour des *dynamiques sociales collectives*, économiques ou religieuses, qui se font le vecteur principal de la pénétration des espaces internationaux : on peut y situer le monde européen médiéval, les trajectoires messianiques, à l'instar du messianisme américain, mais aussi les formes religieuses qui entendent transcender le politique, comme l'islam, l'hindouisme ou le judaïsme. Enfin, une troisième est liée à une mobilisation *pragmatique du social*, soit sous forme d'actions économiques autonomes, entraînant des acteurs transnationaux dans un marché émancipé des tutelles politiques, soit sous forme d'initiatives sociales qui se substituent à un défaut d'institutions coordinatrices.

Prenons en compte chacun des six types qui se dégagent du croisement de nos deux variables, non pas comme des représentations figées de trajectoires historiques concrètes mais comme autant de postures possibles organisant l'insertion du social dans l'arène internationale. Ces types ne prétendent représenter aucun déterminisme : un État, aujourd'hui, ou toute collectivité organisée au sein de l'espace mondial, peut même mixer ces types ou les faire évoluer. Le but ici est de distinguer des modèles de

	Rôle vecteur des dynamiques sociales collectives	**Rôle vecteur des initiatives sociales pragmatiques**	**Prédominance du politique sur le social**
Vision universaliste	Type 1 : Des sociétés dans le monde • Islam • Messianismes chrétiens (époque médiévale européenne, néo-conservatisme américain…)	Type 2 : Des acteurs à la conquête du monde • Relations trans-nationales • Culture du marché	Type 3 : La construction politique de l'international • États westphaliens • Empire romain
Vision particulariste	Type 4 : L'affirmation identitaire • Hindouisme • Judaïsme	Type 5 : Des réseaux utilitaires • Sociétés traditionnelles à base communau-taire • États faillis	Type 6 : L'instrumentali-sation politique du social • Empire chinois et Chine post-impériale

Tableau 1 : Typologie des rapports entre le social et l'international

position sociale face à l'international et de comprendre la pluralité de ceux-ci dans le monde contemporain, ainsi que les conséquences qui en dérivent pour les relations internationales.

DES SOCIÉTÉS DANS LE MONDE

Le *type 1* décrit une vision universaliste de l'altérité qui confie aux dynamiques sociales le principe même de la gestion des rapports avec l'extérieur. Ici, l'ordre politique est conçu comme étant au service d'un projet collectif qui s'est construit autour d'une culture, le plus souvent d'extraction religieuse, et qui prétend à l'universalisation. Aussi, le rapport à l'extérieur, qui s'actualise aujourd'hui dans les relations internationales, a-t-il une orientation messianique, visant à étendre son message à l'ensemble du monde. Ce messianisme n'est pas pour autant exclusif de toute autre forme d'action : mais son effacement n'est alors que conjoncturel, pragmatique, de statut inférieur au projet fondateur. En outre, celui-ci est par nature porté par la société tout entière, le politique n'intervenant qu'à titre instrumental et de manière surveillée, ce qui occasionnellement peut renforcer son autonomie. Toujours est-il que ce premier type libère, aujourd'hui plus que jamais, d'importantes énergies sociales dans le champ international et met souvent en échec le modèle westphalien classique, parfois là même où on ne l'attendait pas.

L'histoire du monde musulman, dans sa grande diversité, correspond bien à ce premier type, tant à travers les siècles qui ont suivi l'hégire que dans ses réalisations contemporaines. Mis entre parenthèses au temps du zénith westphalien, son retour en force sur la scène mondiale, sensible en particulier dans les zones les plus déshéritées de la mondialisation, réinvente un modèle de l'international profondément social et universalisant, dévalorisant notamment les marqueurs politiques westphaliens, à l'instar des frontières et des constructions territoriales, voire nationales. Le message qu'il porte cristallise l'essentiel de la légitimité et entre donc opportunément en symbiose avec toutes les détresses sociales, d'autant plus audibles qu'elles ne se dissimulent plus derrière les remparts de la souveraineté. Les institutions de nature westphalienne n'ont alors que des portées utilitaires et pragmatiques : souveraineté, territoire, frontière, nation, droit international n'ont que des valeurs défensives face aux menaces conjoncturelles et ne servent plus à décrire la cité idéale.

Ces dynamiques se retrouvent tout au long de l'histoire. Le message originel de l'islam part d'un enjeu *social*, celui de mettre un terme aux déchirements entre les tribus de la péninsule Arabique du VIIe siècle. Il se prolonge par la mise en place d'un ordre politique au périmètre et à l'ambition variables, pouvant certes aller jusqu'à la dimension impériale, mais pouvant tout autant se replier sur des cités à dimension réduite. Mais, en tant que tel, l'ordre politique ne répond qu'au seul argument de nécessité immédiate, abandonnant l'espace privé à sa propre autonomie[1]. Le rapport à l'extérieur mêle alors essentiellement des référents sociaux à prétention universaliste, qu'ils soient de nature religieuse, notamment au temps de la conquête impériale, ou de nature commerciale. À côté du clerc, le marchand est protégé juridiquement à l'époque classique, au contraire de ce que fut alors son statut dans les empires chinois. Bagdad, la capitale de l'Empire abbasside (747-1258), était d'abord à la confluence des principales routes commerciales de l'époque, et l'islamisation des espaces périphériques et extérieurs devait beaucoup aux initiatives des marchands, notamment en direction de l'Asie orientale. Ainsi en était-il de leur rôle actif dans le détroit de Malacca ou dans le Kerala indien ; la même remarque s'applique à la partie occidentale de l'Océan indien, notamment à la côte orientale de l'Afrique précocement islamisée[2].

Le marchand est ainsi investi d'une part essentielle de la gestion des relations extérieures, qu'il partage avec les lettrés, les clercs et les prêcheurs : le rôle, du reste autonome, des réseaux soufis mérite à son tour d'être souligné. Véritable *soft power* avant la lettre, la poésie soufie diffuse une pensée sociale et religieuse qui œuvre activement à la pénétration de la civilisation islamique aux marges de ses formations politiques. L'exemple du poète Amir Khosrow Dehlavi (1253-1325) est là pour l'illustrer : modèle de « transnationalité » précoce, d'origine turque par son père et indienne par sa mère, écrivant en persan et parlant l'arabe, l'homme rayonnait sur la cour des sultans de Delhi où il servit successivement sept princes. Parcourant les espaces indiens, de Multan au Bengale, il produisit une importante littérature poétique et mystique nourrissant une musique soufie qui a socialisé toute l'Asie du Sud en y forgeant une culture populaire, contribuant grandement à inclure la région dans la civilisation musulmane : celui que le poète persan Hafez surnommait « le Perroquet indien » (*Tuti-e hindi*) véhiculait ainsi une culture plurinationale, persane, indienne, turque et arabe, qui trouvait son unité dans la construction d'un espace culturel musulman préfigurant déjà des formes contemporaines aisément observables.

1. Cahen, 1958.
2. Pawlikova-Vilhanova, 2010.

On ne plaide pas ici l'absence de support politique dans la gestion de l'international, mais l'externalisation sociale des politiques étrangères qui n'existaient pas réellement comme telles. On pourrait songer, bien sûr, aux armées qui sont généralement des sources déterminantes d'autonomisation du pouvoir politique et de son affirmation sur la scène internationale. Encore faut-il noter que, dans les temps impériaux, l'armée était peu professionnalisée et essentiellement populaire, souvent constituée sur un mode tribal, même si la longue vie de garnison séparait peu à peu les hommes de leur extraction sociale[3]. La force de toutes ces dynamiques sociales reste un élément structurant majeur d'une histoire qui n'est pas vraiment interrompue aujourd'hui, même si elle s'est combinée, évidemment, au fil des temps, à d'autres formes d'action internationale.

Ne voyons là aucun déterminant religieux qui ferait injure à la complexité des histoires. Preuve en est que ce même modèle se retrouve, avec bien sûr d'importantes variantes, dans le monde européen pré-étatique. Là aussi, la construction est d'abord sociale, reposant sur la combinaison de références ethniques particularistes (on ne se mariait alors qu'entre congénères) et de références religieuses universalistes visant entre autres la christianisation des « barbares ». Cette réunion complexe introduisait un flou évident dans une distinction entre l'interne et l'externe qui finalement ne faisait pas sens[4] : l'international se composait dans une vision extensive et religieuse du social. La société médiévale se structurait d'elle-même autour de valeurs martiales qui socialisaient les individus jusqu'à faire de la « guerre guerroyante » l'ordinaire des comportements sociaux[5]. Les armées restaient solidement intégrées, jusqu'au XVe siècle, dans la structure sociale féodale et donc à un niveau infra-politique[6]. Tout ceci ne conduisait pas à une vision frontale de l'ennemi, encore moins à une construction politique de l'international. Les mobilisations les plus résolues se réalisaient à la faveur des croisades, et celles-ci

3. Cahen, 1980.
4. Moeglin, Pequignot, 2017.
5. Gougenheim, 2009, p. 83 *sq.*
6. Contamine, 1980.

se faisaient à l'initiative de l'autorité religieuse et non politique : les laïcs n'y étaient admis qu'avec l'accord des clercs.

La pratique même des premières croisades montre la supériorité des rationalités sociales sur des considérations politiques qui n'interviendront que bien plus tard, probablement avec la quatrième croisade. Au début, celles-ci étaient animées par un messianisme militant entretenu par les prêcheurs, à l'instar d'un Pierre l'Ermite se revendiquant « main de Dieu » ou d'un Jacques de Cîteaux qui se réclamait d'une lettre reçue de Marie. Elles flattaient tout un ensemble de motivations populaires, plus sociales que politiques ou même proprement religieuses : échapper à la famine ou aux risques sanitaires, comme l'intoxication à l'ergot (le « feu de saint Antoine »). Elles devenaient même l'apanage des pauvres, des humbles, des démunis... Comment ne pas y voir la préhistoire des conflictualités contemporaines, s'alimentant davantage d'insécurité humaine que de stratégies « géopolitiques » ? Comment ne pas percevoir ici une forme archaïque de cette construction infrapolitique et résolument sociale de ce qui allait devenir l'international ?

D'autant que ce messianisme qui perce en Europe ou en terre d'Islam n'était pas destiné à s'éteindre, loin de là. Il rebondit dans la post-Réforme et connaît une modernité parfaitement occidentale avec l'épisode du *Mayflower*, la constitution des États-Unis et l'élaboration de leur politique étrangère[7]. Ici, le modèle westphalien n'a jamais eu qu'un impact superficiel : les pèlerins du célèbre bateau quittèrent l'Europe en 1620, donc avant la fameuse paix de Westphalie. Il s'agissait pour John Robinson, son inspirateur, de rompre avec l'Église anglicane et la couronne d'Angleterre, de bâtir une nouvelle Cité, conforme aux Écritures, mais dont on allait négocier la construction avec une grande firme de l'époque, la compagnie Virginia. Voilà qui annonçait le *Manifest Destiny*, rédigé en 1845 par le journaliste John L. O'Sullivan et qui devint comme la première charte de la politique étrangère américaine, installant celle-ci non dans le cadre de la géopolitique mais dans celui d'une mission divine portée par les premiers pèlerins. La référence aux croisades est alors évidente[8] : le *Manifest Destiny*

7. Lebow, 2020.
8. Marsden, 1980.

se retrouve totalement dans le « Dieu le veut » que criaient les Croisés ; la guerre est sanctifiante et la bonne violence purificatrice : le monde sera sauvé, non par un État, mais par la société des élus... On pressent certains relents contemporains du néoconservatisme !

On verra que cette vision radicale est en particulier portée par les Églises évangéliques qui comptent aujourd'hui quelque 92 millions d'adeptes aux États-Unis et pas moins de 189 élus au Congrès[9]. Ces Églises prônent l'« hétéronomie », c'est-à-dire la totale soumission à la volonté divine et aux Écritures, le rejet de toute autonomie individuelle dans leur interprétation, et donc la dévalorisation du choix politique, la croyance en la guerre juste, conforme à une volonté métapolitique. Ce messianisme a largement inspiré le néoconservatisme américain et, plus généralement, l'idée de la « nation indispensable », celle-là même qui faisait dire à George W. Bush que les États-Unis étaient par essence « une *bonne nation* ». À nouveau, il ne s'agit bien évidemment pas de contester la part, souvent déterminante, de stratégie politique qui anime chaque moment de la politique étrangère américaine, ni même de tenir ce modèle pour une constante que nul ne pourrait remettre en cause : il est seulement question de montrer le poids d'un modèle qui sert de référence, plus ou moins systématisé selon les circonstances, plus ou moins affirmé selon les acteurs, mais durable, restant toujours à l'écart du modèle westphalien traditionnel, permettant d'éclairer bien des déviances par rapport à celui-ci, et instillant une culture de l'international aux affinités plus sociales que politiques.

DES ACTEURS À LA CONQUÊTE DU MONDE

Un *type 2* s'est imposé au fil du temps, abandonnant l'international non pas à des dynamiques sociales globales mais à des acteurs sociaux précis, eux-mêmes animés non par une volonté collective aux relents messianiques mais par des choix individuels

9. Boussois, 2018.

et stratégiques qui les poussent vers tout ou partie du monde. Cette construction peut se faire, comme dans le cas précédent, sur la base d'une représentation particulariste du monde (voir type 5 ci-dessous) ou sur celle d'une vision universaliste, ici fondée sur un marché mondial ou, du moins, sur une scène d'échanges globalisée. Une telle situation se retrouve, soit par défaut quand les sociétés et les systèmes politiques ne peuvent pas gérer un rapport à l'extérieur devenu trop complexe, soit par répartition, notamment dans le contexte néolibéral qui tient pour légitime l'autonomie des acteurs socio-économiques au sein de l'espace mondial. Celui-ci se reconstruit alors sur un mode transnational, à l'initiative d'acteurs qui, par choix ou par destination, accomplissent de réelles fonctions internationales en ignorant les frontières et en dépassant les cadres nationaux.

On songe alors aux acteurs économiques individualisés qui s'affirmèrent dans le cadre de la Renaissance européenne et de l'émergence d'un premier capitalisme mondial. Au contraire des marchands observés dans le cadre des empires musulmans, ils ne sont pas une simple incarnation anonyme de dynamiques collectives : ils s'affirment comme d'autonomes entrepreneurs d'une nouvelle forme d'internationalisation qui va s'élargir avec la prolifération des acteurs transnationaux tout au long de la présente mondialisation. Ils deviennent en quelque sorte les « bourgeois » d'une société civile mondiale qui recompose l'international, lui donne un nouveau sens, et qui, du moins à l'origine, contiennent le modèle westphalien à l'intérieur de son seul domaine politique. Ces acteurs prennent même en charge les fonctions politiques quand tel est leur intérêt : ils dominent, ils contractent, ils mobilisent, mais toujours en fonction de leur intérêt d'entreprise, bien au-delà du simple intérêt national dont ils s'émancipent peu à peu.

On pense, bien sûr, au rôle pionnier des Compagnies des Indes orientales, apparaissant dès le début du XVIIe siècle, d'abord en Angleterre (1600), puis aux Provinces-Unies avec la fameuse VOC (Compagnie néerlandaise des Indes orientales, 1602), au Danemark (1616), en France (1664) et enfin en Suède (1713). Manufacture « privilégiée » dans le cas français marqué de colbertisme, elle apparaît sous forme d'une société anonyme par actions en Angleterre et dans les Provinces-Unies. Destinées à recevoir le monopole des fonctions commerciales sur les mers lointaines, elles articulent toutes, très vite et de façon remarquable, la fonction économique et la politique internationale, pour préfigurer le nouvel ordre colonial. Elles aménagent des ports, puis des comptoirs (Arkât, Pondichéry, Surat, Port-Louis ou Saint-Denis dans les îles de France et de Bourbon, pour la compagnie française ; Calcutta, Madras, pour sa rivale anglaise ; Ambon, Batavia, Malacca, Nagasaki ou Galle, en Ceylan, pour la concurrente néerlandaise). Elles administrent les territoires, les considérant, à en croire les dirigeants de la VOC, comme la « propriété privée des marchands », mais surtout elles négocient, dans la plus pure tradition diplomatique qui se dessinait alors : devenu gouverneur de Pondichéry, Pierre-Benoît Dumas pactise avec l'empereur moghol qui le fait nabab, tandis que ses homologues britanniques pénètrent le pays indien grâce à des transactions marchandes leur permettant peu à peu de gérer de vastes territoires. Très tôt, ces compagnies gouvernent, administrent, commandent des armées et battent monnaie : elles s'imposent comme acteurs internationaux, par la grâce du roi (Charles II d'Angleterre leur reconnaît cette cogestion internationale de fait), par l'effacement militant des gouvernements bourgeois anti-absolutistes (comme les régents des Provinces-Unies qui se distinguent ainsi de la monarchie espagnole), ou par un jeu subtil d'abandon surveillé (comme en France où la compagnie insère la fleur de lys dans son écusson).

Même si les États reconquirent progressivement leurs fonctions régaliennes, à l'instar de la Grande-Bretagne en Inde, et même si ces compagnies vinrent à disparaître à la faveur de ruptures westphaliennes, comme la VOC en 1799, en pleine ambiance révolutionnaire, elles continuèrent cependant à peser sur l'ordinaire des relations internationales, comme le suggère le rôle actif de la compagnie anglaise dans la première guerre de l'opium (1839). Mais surtout, elles tracèrent un sillon qui ne cesse de s'actualiser dans le contexte d'une mondialisation néolibérale dont nous verrons qu'elle eut précisément pour effet de réveiller et d'activer de véritables « tyrannies privées ». Celles-ci, à coups de firmes multinationales ou de lobbies transnationaux, s'épanouissent au sein d'un marché global sur lequel elles pèsent, comme elles exercent une pression énorme sur les populations du Sud qu'elles gouvernent de fait, directement ou non, sur leurs princes et leurs États, avec lesquels elles négocient sans intermédiaire afin d'arracher territoires, concessions ou privilèges pour leur seul bénéfice... Ici du moins, rien ne change et cette forme d'inter-socialité garde, voire renforce, sa pertinence !

LA CONSTRUCTION POLITIQUE DE L'INTERNATIONAL

Le *type 3* range le social délibérément *derrière* le politique qui, avec un argument universaliste de rayonnement et de diffusion, prétend s'intéresser au monde dans sa globalité. On y retrouve bien sûr les racines du modèle westphalien cherchant à conférer au politique le monopole d'une action internationale qui ouvre sur une vision universelle de l'altérité. Les prémices d'un tel modèle se trouvent déjà dans l'histoire romaine, où l'on voit très tôt s'affirmer le rôle de l'autorité politique centrale, consulaire ou impériale, dans la conception et le suivi de la politique internationale : la description qu'en donne Cicéron, au temps de la République, dans son plaidoyer *Pro Balbo* (56 av. J.-C.), l'illustre clairement[10]. Secteur spécialisé de l'action politique, les relations extérieures donnèrent lieu, à Rome, à l'invention et surtout à la banalisation de tout un ensemble de pratiques durables qui sont à la base du jeu international contemporain : les traités (*foedus*), l'élaboration progressive d'un droit international (*jus gentium*), la mise en place d'une fonction diplomatique (*consilium*), même si on ne trouve pas encore d'ambassades permanentes mais seulement des « envoyés spéciaux » (*legati*), mais aussi une gradation de formes de relations institutionnalisées avec les autres peuples, d'autant plus ordonnées qu'elles relèvent désormais d'un choix politique répertorié et classé (*amicitia*, *fides*, *hegemonia*, et *deditio*, qu'on assimilerait à la soumission). Autant d'éléments clairement pré-westphaliens, nuancés cependant par la logique impériale qui laisse le principe de territorialité quelque peu dans le flou, et les frontières (*limes*) dans l'imprécision...

Il reste qu'une dialectique décisive est engagée à Rome, portant sur le lien interactif entre guerre et pouvoir politique. La

10. Auliard, 2006.

première est peu à peu institutionnalisée à travers le collège des fétiaux qui sacralise sa déclaration (du moins durant la République). Elle est décidée par le Sénat, puis par l'empereur : elle engage les légions qui, progressivement, se professionnalisent, placées sous l'autorité du consul, puis de légats, eux-mêmes soumis à l'empereur. Cette armée qui comprendra jusqu'à 300 000 hommes deviendra la ressource principale de l'ordre politique, ce qui fit alors de la guerre la marque claire des relations extérieures, d'abord placées sous la protection des divinités, puis, avec le renforcement de sa puissance, sous celle de l'empereur lui-même : sécularisées, désocialisées, centralisées, les affaires internationales nourrissent désormais la substance même du pouvoir politique. Le territoire devient par là même le *nomos* de l'ordre international, son principe organisateur.

On se rapproche donc du temps westphalien, de ce moment où s'enclenche ce cycle de guerres menées par le roi dans l'intérêt du royaume, ces guerres qui font l'État, comme l'État fait la guerre[11]. On rompt alors avec les guerres médiévales[12], leurs batailles « champel » qui se voulaient jugements de Dieu, ou leurs « guerres justes », pour séculariser le jeu martial et retourner peu à peu au droit des gens. On marginalise le rôle de la cavalerie aristocratique et on condamne les guerres privées, pour affirmer un monopole d'État sur l'activité martiale. Les guerres ne sont plus des chevauchées ni des « guerres-tournois[13] », mais désormais des affrontements directs et totaux entre armées professionnalisées[14]. Les relations deviennent bien internationales, dans les mains du politique et dans le choc frontal des intérêts nationaux.

L'AFFIRMATION IDENTITAIRE

Le *type 4* nous place dans la ligne des constructions *particularistes*. Le monde n'est plus perçu dans sa globalité mais dans

11. Tilly, 1985.
12. Contamine, 1979.
13. Duby, 1973.
14. Contamine, 1980.

une tension permanente et irréductible entre constructions identitaires qu'il s'agit de contenir et face auxquelles il convient de se protéger. En outre, l'identité dont on se tient pour dépositaire n'est pas d'extraction politique mais sociale et culturelle. L'action internationale est en même temps affirmatrice et marquée par un réflexe obsidional, face à un sentiment de menace alimenté par des agressions passées, et face à la crainte de banalisation, voire de dissolution identitaire. L'expression religieuse occupe évidemment, sous des formes variées, une place décisive, d'autant plus marquée qu'on se trouve en présence de confessions non prosélytes, peu enclines aux conversions, ce qui explique cette extériorité à toute vision universaliste. L'international vaut alors affirmation, distinction et protection qui se déclinent toutes trois sur un mode social et culturel qui est prioritaire et qui, à ce titre, dépasse le simple cadre du politique. L'hindouisme et le judaïsme sont notamment marqués par cette orientation, même si celle-ci ne saurait se confondre avec l'histoire des pays concernés.

La doctrine de l'*hindutva* est une parfaite illustration de cette posture. Elle promeut l'idée d'une indianité qui transcende toutes les constructions politiques institutionnelles pour désigner un ordre culturel et sociétal correspondant à tout ce subcontinent indien qui dessine comme un gigantesque doigt sur la carte du monde. Expression de l'aventure d'un peuple, peut-être d'une race dans certains discours, cet ensemble fait fi des États tels que tracés par une colonisation qui avait relégué le monde indien à l'état d'infériorité. Afghanistan, Pakistan, Bangladesh, entre autres, en font partie. L'ordre politique international perd ainsi de sa légitimité, et l'*hindutva* est là pour lui opposer une légitimité de substitution correspondant à sa longue histoire. En fonction de quoi, les catégories juridiques de l'ordre international actuel, principe westphalien de territorialité ou conception occidentale de la nation, ne sont pas acceptables. Le nationalisme lui-même ne fait sens que dans sa logique réactive et émancipatrice, au nom d'un ensemble social construit comme opprimé et dépossédé, non pas comme une simple religion *stricto sensu* : les chantres de l'*hindutva*, à l'instar de Vinayak Damodar Savarkar (1883-1966), père du concept, s'émancipaient volontiers de certains dogmes prêtés à l'hindouisme et critiquaient résolument certaines dévotions populaires. On retrouve ce même écart entre sionisme et judaïsme, ce même référent social qui prime sur le référent religieux.

En conséquence de quoi, l'*hindutva* et le sionisme apparaissent d'abord comme des revivalismes sociaux qui reconstruisent l'international en suivant un triple objectif. En premier lieu, ils revendiquent leur propre espace, lui-même dessiné non pas en fonction du droit international mais d'une histoire sociale imaginée dans laquelle l'altérité est considérée davantage comme un défi que comme une source de coexistence. En deuxième lieu, cet espace « libéré » ne peut aboutir qu'à un espace protégé, voire apuré. D'où l'importance de deux lois, presque contemporaines l'une de l'autre : la première, passée en décembre 2019 par le gouvernement indien de Narendra Modi, dite *Citizenship Amendment Bill*, régularise les réfugiés arrivés sur le territoire indien, à la seule exception des musulmans ; la seconde, adoptée par le gouvernement israélien de Benyamin Netanyahou quelque dix-huit mois plus tôt, proclame la « nature juive » de l'État et reconnaît une « valeur nationale » au développement de communautés juives. En troisième lieu, la politique étrangère se construit en fonction de ces seules dynamiques, mêlant résistance à ceux des voisins qui pourraient menacer ce particularisme, et solidarité avec les diasporas et avec ceux des États qui s'inspirent du même modèle : les relations entre l'Inde et Israël, particulièrement tendues lorsque le Parti du Congrès était au pouvoir à Dehli, sont devenues remarquablement bonnes dès l'avènement de Modi en mai 2014, suivant en cela une pente inaugurée par Savarkar lui-même au moment du partage de la Palestine : une autre forme d'inter-socialité partagée !

DES RÉSEAUX UTILITAIRES

Le *type 5* décrit des initiatives d'acteurs obéissant à des rationalités individuelles et construisant *de facto* leurs propres relations internationales, dans un contexte de défaillance du pouvoir politique ou de sa simple incapacité. Il se distingue du type 2 en cela que l'entreprise reste individuelle et ne s'inscrit dans aucune perspective plus vaste comme pouvait le faire le marché pour les acteurs transnationaux. Ce type fait souvent écho à des systèmes segmentaires, tribaux et communautaires, qui n'ont ni les ressources sociales ni les instruments politiques capables de prendre directement en charge les fonctions internationales. Mais il concerne surtout les ordres politiques qui doivent faire face à une écologie défavorable, à des espaces de pénétration difficiles et vastes, à l'instar des royaumes bordant le Sahara et le Sahel. Ces pratiques sont anciennes, remontant au début du premier millénaire, et sont réactivées aujourd'hui, expliquant l'exceptionnalité de ces îlots internationaux et les conflits qui en dérivent localement, dont on s'acharne à ne pas comprendre la véritable nature.

Ainsi le royaume du Takrur (IXe-XIIIe siècle) avait-il gagné une part de sa prospérité grâce à la pénétration de son environnement par ses commerçants, utilisant le fleuve Sénégal pour échanger notamment le sel et l'or. Tombouctou fut de même fondée, vers 1100, par les Touaregs Magcharen qui avaient besoin de faire paître leurs troupeaux[15] : les rois Songhai récupérèrent l'initiative deux siècles plus tard, quand l'empereur du Mali, Mansa Moussa, fit construire la mosquée Djingareber. Le même empereur put s'appuyer sur les nomades Mesufa qui faisaient le commerce du sel dans l'immensité incontrôlable du Sahara, tout comme les Berbères Lemtouna côté mauritanien ou les nomades Fulbe le long du Niger[16]. Tantôt autonomes, tantôt relais d'un pouvoir politique qui se renforçait, ces groupes sociaux étaient, de par leur fonction et leur insertion sociale, les arbitres précieux d'un jeu international pragmatique et changeant.

Rien n'a vraiment changé aujourd'hui, si ce n'est que le jeu est devenu évidemment plus complexe. Nous verrons qu'à l'instar de bien d'autres lieux de la planète (bassin du Congo, Corne de l'Afrique, Yémen ou Afghanistan), le Sahel reproduit aujourd'hui des rapports de même nature, dont l'incompréhension vient entretenir en partie les conflits qui s'y développent. Dans des zones faiblement pénétrées par les institutions étatiques, les rapports transfrontaliers sont couramment gérés par des solidarités

15. Niane, 1985, p. 148.
16. *Ibid.*, p. 180.

religieuses, familiales, amicales, mais aussi commerciales, voire mafieuses. Généralement fondés sur l'échange, ils aboutissent souvent à des alliances de circonstances, voire à des collusions, et sont prompts également à être récupérés par des entrepreneurs de violence. Mais on montrera que ce glissement belligène tient principalement à l'incapacité du politique à prendre en compte cette forme originale et durable d'internationalisation qui se nourrit donc de relations inter-sociales complexes et inédites.

L'INSTRUMENTALISATION POLITIQUE DU SOCIAL

Le *type 6* correspond enfin à une vision essentiellement *politique* du rapport au monde, mais fondée en même temps sur l'affirmation d'un fort *particularisme* et donc d'une tendance au repli. La tradition impériale chinoise correspond à cette catégorie qui, actualisée, continue à organiser les relations internationales de la Chine contemporaine. Dès la dynastie Han, l'Empire apparaît comme centralisé, hiérarchisé, plaçant l'empereur en position hiérarchiquement supérieure, distribuant les fiefs ou cassant les jugements. Les marchands, qui constituent la partie la plus proactive de la société, sont délibérément dotés d'un statut inférieur, obligés de se vêtir exclusivement de blanc, et privés du droit de monter à cheval. Sous les Tang, période d'apogée, les principaux commerces (sel, thé, alcool...) sont mis sous tutelle impériale, tandis que les étrangers, essentiellement commerçants, sont surveillés et contraints, notamment dans leur façon de se vêtir. Ceux qui épousent une Chinoise doivent rester en Chine. Un édit de 779 interdit même ce mariage aux Ouïghours...

Mais rien de tout cela n'est figé : au gré des conjonctures et des choix politiques, l'Empire choisit politiquement de s'ouvrir ou de se fermer. À l'époque Tang, les voies commerciales s'ouvrent : des marchands sogdiens, persans, arabes ou malais se répandent, comme déjà auparavant des moines bouddhistes venus d'Inde, dont pourtant on se méfie, qu'on surveille pour qu'ils ne constituent pas un contre-pouvoir étranger. Les Chinoises fortunées consomment, déjà à l'époque, des produits de luxe étrangers, notamment des bijoux persans. Surtout, les commerçants chinois gagnent en autonomie et en richesse[17]. Par période (et déjà sous les Han), les navigateurs s'activent dans l'océan Indien, des diplomates font leur apparition, à l'instar de Zheng Qian (Ier siècle av. J.-C.), envoyé de l'empereur en Asie centrale. On retiendra que, dans les périodes de puissance, le Mandataire du Ciel libéralise le commerce extérieur, encourage les expéditions vers les mondes arabe, persan, turc, voire byzantin ou africain : voilà qui se retrouve sous les Tang, mais aussi sous les Song qui laissent des investisseurs privés parcourir les mers, comme du reste les Yuan, jusque même en Méditerranée. En revanche, en période de rétraction, les marchands chinois se voient interdire le commerce maritime : ainsi en fut-il sous les Ming, avant que la liberté ne fût rétablie au XVIe siècle. Il en va de même de certains aspects du *soft power* chinois : les moines bouddhistes, une fois rattachés à la tutelle de l'empereur, jalonnent les routes de la soie, tandis que le moine Wuzhun Shifan (1178-1249), ami de l'empereur Song, initie de lui-même l'exportation du zen vers le Japon.

Ainsi l'orientation particulariste n'empêche pas les projets de domination internationale, mais elle les place sous la bannière utilitaire et économique plutôt que sous celle du messianisme. La nation peut être fermée politiquement tout en se voulant commerçante. La prétention au monopole politique ne supprime pas nécessairement les dynamiques sociales ni leur extension sur la scène internationale : elle les instrumentalise, parfois les encourage ou les active, à un point tel qu'elle suscite, en période d'ouverture, une part efficace et irréductible d'inter-socialité. C'est très exactement ce qu'exprime aujourd'hui le projet chinois de « nouvelle route de la soie » (*Belt and Road Initiative*).

***

Diverses, complexes, explicites ou implicites, collectives ou individualisées, surveillées ou autonomes, les relations inter-sociales sont ainsi présentes dans toutes les histoires. Leurs différences nous en apprennent beaucoup sur les problèmes contemporains et sur la façon de les aborder. Mais toutes,

17. Piquard, 2011.

quelles qu'elles soient, n'ont cessé de se renforcer jusqu'à atteindre une taille critique aujourd'hui. Toutes aussi ont été, entre-temps, combattues, contenues, dénoncées par l'ascension du système westphalien.

Chapitre 2

La fausse rupture de Westphalie

On a de bonnes raisons de parler abondamment du « système westphalien », modèle original dans l'histoire longue, marque d'un moment fort de l'histoire européenne, et incarnant de surcroît le premier système international pensé et raisonné. Ce système est comme un point fixe pour les juristes qui y voient la base du droit international ; c'est un repère pour les diplomates, une sorte d'inébranlable certitude pour les princes des vieilles puissances qui en perdent souvent toute compréhension des changements intervenus depuis, liés notamment à la mondialisation. Il faut passer par lui pour saisir la réalité d'hier et les illusions d'aujourd'hui. Il faut s'y référer pour découvrir comment les sociétés ont été, un moment, chassées de la scène internationale comme d'un paradis qu'elles ne méritaient plus, tant on pensait qu'elles y avaient semé le désordre et la guerre. Mais il faut aussi admettre que ce système qu'on dit issu de la paix de Westphalie qui mit fin, en 1648, à la guerre de Trente Ans, n'est pas aussi lumineux qu'on le pense : il exprimait une volonté plus ou moins partagée par les puissants de l'époque, mais il n'a créé qu'un semblant d'ordre qui s'est défait tranquillement au fil de son histoire, et même brutalement au cours de certaines séquences, dont certaines très précoces, à l'instar de la Révolution française. Surtout, il n'a pas survécu à son universalisation manquée, qui consacra *de facto* le retour en force des sociétés sur la scène mondiale.

Le vrai départ de l'international

Tout commence pourtant conformément aux rites classiques de la solennelle invention. La longue conférence de Westphalie dura près de quatre ans et se tint à dessein au centre même de l'Europe : il fallait prendre son temps et choisir son lieu pour construire le nouvel ordre international propre au Vieux Continent[1]. L'idée s'imposait en tout cas, à défaut d'être unanime : la guerre de Trente Ans qu'on voulait achever avait été par trop destructrice, préfigurant les formes modernes de conflits. On en rendait responsable ces fauteurs de division : les acteurs religieux d'abord, animés par les querelles issues de la Réforme, mais aussi tous ces acteurs plus ou moins autonomes, vestiges de l'ancienne féodalité et, pour certains, entretenus par les vieilles structures impériales. Il convenait de revenir alors au droit des gens jadis pensé par les Romains, et de donner tout leur sens aux structures politiques nouvelles qui, à travers l'État naissant, devenaient aussi exigeantes que précises.

La conférence, tenue alternativement à Münster et à Osnabrück, aura ainsi été la première vraie négociation internationale moderne (sous-entendons « interétatique »). Face aux tutelles d'hier, celles du pape et de l'empereur, la solution devait résider dans l'affirmation exclusive de l'autorité royale, et être donc basée sur trois principes : la compétence territoriale dont le pouvoir central avait le monopole ; la souveraineté qui assurait la prédominance d'un tel pouvoir sur l'extérieur comme sur les acteurs non étatiques ; et l'intérêt national qui devenait du même coup la seule rationalité acceptable dans le nouveau jeu international. Concept au demeurant funeste car totalement subjectif et idéologique, l'intérêt national était en fait livré à l'arbitraire de ceux qui le définissaient, mais il avait l'insigne mérite d'éconduire tous les autres intérêts, dits privés, hors de l'arène internationale. Ainsi la notion de politique étrangère prenait-elle désormais tout son sens, évoquant la nature publique et politique du rapport à l'extérieur et reléguant les acteurs extrapolitiques dans des rôles clandestins d'influence et de pression. Les relations internationales « modernes » se voudront, pour un temps du moins, le parfait reflet de cette nouvelle ébauche.

La *compétence territoriale* constitue la principale innovation qui rend possible la suprématie du politique sur la société. Elle se

1. Croxton, Tischer, 2001.

cristallise dans un double dépassement qui est à la base même des traités signés : celui de l'Empire qui entretenait un ordre féodal devenu fictif, et celui de la papauté qui touchait et mobilisait directement la société à travers l'allégeance religieuse. Désormais, les ambiguïtés sont levées : l'empereur perd de son autorité, tandis que celle-ci est dissociée de la personne pour devenir solidaire du territoire sur lequel elle s'exerce, en particulier celui des trois cent cinquante principautés qui dès lors constituaient l'Allemagne. Ce territoire, désormais doté de frontières claires qui, au fil du temps, vont devenir linéaires, s'élève au-dessus du social pour s'imposer comme seule référence fondant le politique et l'international, devenu lui-même juxtaposition d'unités souveraines et non plus assemblage d'acteurs sociaux. La papauté subit la même dépossession : l'allégeance religieuse passe désormais par le filtre politique, comme l'affirme l'adage westphalien « *Cujus regio ejus religio* ». À l'issue des négociations de Westphalie, pourtant présidées par le nonce apostolique Fabio Chigi (futur cardinal avant d'accéder par la suite à la tête de l'Église), le pape devient, hors de son territoire propre, une simple autorité morale. Innocent X, souverain pontife alors en fonction, est furieux, tenant même les traités pour nuls et non avenus, mais personne ne s'en soucie plus et chacun admet que les anciens circuits sociaux sont désormais bloqués. Bien évidemment, nul ne se préoccupait alors de savoir si une telle construction pouvait durer et s'étendre ensuite à d'autres cultures. Nul non plus n'imaginait que le religieux allait s'imposer, à l'avenir et sur le plan international, comme force de contestation davantage que comme mode de pouvoir...

La *souveraineté* devenait ainsi le maître mot, au point de la confondre aisément avec la personne du prince, sans penser non plus que ses autres modes d'incarnation pouvaient déstabiliser le beau schéma, remettre à nouveau en question l'exclusion du social. Le jeu westphalien était originellement simple : chaque unité territoriale était souveraine, tant à l'intérieur, face au jeu social, qu'à l'extérieur, face aux puissances étrangères ; le prince en était naturellement dépositaire, il incarnait à lui seul le politique et sa légitimité propre. Pour exister sur la scène internationale, il se devait d'être puissant et autonome, deux qualités qui renforçaient son autorité intérieure, selon un cercle vertueux qui nourrit encore de nos jours les rêves des princes contemporains, persuadés que des succès de politique étrangère ou de visibilité internationale restent le remède parfait aux revers domestiques. Pour cela, la méthode est simple : justifier de ressources militaires substantielles directement contrôlées par le pouvoir politique. Long effort amorcé, dès Philippe Auguste, pour convertir à soi des armées davantage issues de la société, de son aristocratie, voire des villes, à travers les anciennes milices communales : dès la fin du Moyen Âge, il s'agissait pour chaque prince de se doter d'une armée de métier entièrement contrôlée par le pouvoir central. Philippe Auguste commence en recrutant les premiers mercenaires, les ribauds, chargés de sa protection personnelle, avant que leur profession ne tourne mal et ne serve à contrôler d'autres maisons moins nobles ! L'effort se poursuivit avec Philippe le Bel et surtout avec Charles VII, lequel institua en 1445 la première compagnie d'ordonnance, fortement professionnalisée et qui lui était directement soumise. Tous ces monarques furent aidés en cela par la modernisation de l'armement, notamment avec la création des premiers corps d'archers[2]. Cromwell fit de même en Angleterre en créant la *New Model Army*, composée de 22 000 hommes au service exclusif du Parlement et arrachée à la tutelle féodale. Absorbée alors par la Révolution anglaise, cette armée ne s'est pas beaucoup préoccupée de l'extérieur. En revanche, Charles II Stuart s'en inspire habilement pour organiser, en janvier 1661, la première armée professionnelle du royaume, qui permet à la Couronne de remplir pleinement son nouveau rôle international. Commence alors une longue histoire de solidarité d'intérêts et de symboles entre le prince des vieilles puissances et son armée : elle est encore vivace aujourd'hui et a pris, notamment en France, une allure particulièrement marquée avec l'avènement de la « monarchie nucléaire »... Mais, là non plus, personne ne se demandait alors si l'instrument militaire garderait le même sens politique à travers les âges, si d'autres paramètres et instruments n'allaient pas s'imposer, ni si la souveraineté n'allait pas finalement se décomposer à son tour[3].

2. Contamine, 1980.
3. Badie, 1999 ; Biersteker, Weber, 1996.

D'où la fragilité de l'idée même d'*intérêt national*. Le concept apparaît bien avec l'absolutisme, comme pour le justifier et définir un espace transcendant les intérêts particuliers issus de la vieille société féodale : en cela, il obéit à un double mouvement de dévalorisation du social au profit du politique et de définition d'une légitimité propre au pouvoir princier, seul habilité à agir de ce fait dans l'espace extérieur. Le concept est renforcé par celui de « raison d'État » qui, dans le même contexte absolutiste, dispense l'acteur politique de justifier ses choix de politique étrangère. Cette prime offerte à l'idée d'intérêt national ouvre très tôt un débat implicite : on note en effet que Rousseau lui préfère derechef celui de volonté générale, qui ouvre déjà à l'idée de démocratie et de débat, raccordant davantage l'international à l'expression collective de la nation qu'à celle de l'État et de son prince. *Stricto sensu*, l'intérêt national penche ainsi vers une fiction, celle d'un intérêt objectif et connu du prince, au-delà de tout débat, qui réduirait le champ international à un espace d'affrontement entre quelques intérêts collectifs en compétition permanente : selon la formule de Marx et Engels dans *L'Idéologie allemande*, il donne naissance à cette « communauté illusoire » qui est censée le porter et qui s'impose d'elle-même comme seul acteur international légitime[4]. On atteint ici une sorte d'optimum dans le mode d'appropriation politique de ce champ, qui relègue les autres paroles dans une périphérie dévalorisée, tissée d'intérêts sociaux particuliers, suspects d'égoïsme, voire de trahison... Cette montée aux extrêmes explique en grande partie les avatars que dut bientôt subir le modèle westphalien.

Le séisme de la Révolution française

Le paradoxe est là : la Révolution française marquait l'aboutissement logique de ce processus de redéploiement du politique, de rupture avec la société féodale, d'émancipation de la tutelle religieuse, de construction d'un intérêt général supérieur à la

4. Marx, Engels, 2009 [1845-1846].

diversité des intérêts sociaux. Elle sublimait la nation, achevait de légitimer les principes de territorialité et de souveraineté : elle a pourtant très vite favorisé une forme nouvelle et renforcée de pénétration sociale au sein de la scène internationale. En fait, en glissant vers cet accomplissement contradictoire, la Révolution a révélé les faiblesses et les fragilités des dogmes westphaliens jusque-là préservés par les vertus de l'absolutisme, lequel apparaît, avec le recul, comme le principal garant de l'orthodoxie westphalienne. D'où, probablement, la sympathie que lui portent encore les régimes autoritaires contemporains.

Cette nouvelle déstabilisation tient d'abord à l'ambiguïté de la notion de peuple, que l'épopée révolutionnaire a très vite projetée au centre même de la vie internationale. L'absolutisme confiait facilement au prince le monopole de l'action qui en relevait : une seule voix parlait au nom d'une société totalement subordonnée. Si la légitimité revenait maintenant au peuple, collectivité sociale complexe et parfois changeante, l'édifice se lézardait : les relations internationales devenaient dépendantes de dynamiques subtiles, rendant désormais audibles les questions identitaires, les mouvements d'opinion, les émotions et les exaltations, enlevant aux principes de territorialité et de souveraineté ce qui faisait précisément une part de leur force. De ce point de vue, le choix référendaire, intervenu aux débuts de la Révolution, de rattacher Avignon et le Comtat Venaissin à la France faisait date, en plaçant la volonté populaire au-dessus des rigueurs territoriales acquises : le droit des peuples qui s'affirmait transcendait désormais les arrangements diplomatiques westphaliens et leur logique de puissance. On s'en accommodera, mais au prix de contorsions de plus en plus subtiles !

Avec la Révolution, une étrange mais significative dialectique s'instaure entre les dynamiques sociales nouvellement mises en œuvre et les choix diplomatiques officiels : les émeutes populaires de la place du Carrousel (17 avril 1791), suivies de la fuite à Varennes, conduisent à la déclaration de Pillnitz (24 août 1791) par laquelle Léopold II, empereur du Saint Empire, et Frédéric-Guillaume II de Prusse déclarent suivre la situation en France « comme un objet d'un intérêt commun à tous les souverains de l'Europe » et évoquent l'usage de la force pour protéger le roi de France. Cet engagement fut lui-même arrêté à la demande non pas d'autres États, mais d'émigrés français, présents à la conférence. Le résultat fut en forme de spirale, fait d'un étrange dialogue entre les diplomates et les peuples qui devenaient des figures familières du jeu international, entre les acteurs internationaux ordinaires et les sociétés : le référendum d'annexion du Comtat Venaissin intervint précisément comme une réplique à cette déclaration, et fut prolongé quelques mois plus tard par l'appel de l'assemblée législative au « soulèvement des peuples » (20 avril 1792). Ainsi prit forme une rapide popularisation de l'idée de « guerre de libération » qui non seulement changeait les principes de base de l'ordre westphalien, mais faisait aussi pénétrer l'opinion publique dans l'action internationale, et ce par la grande porte. Mieux, on découvrait tout à coup l'usage social de la guerre, destinée à mobiliser la société française et à la détourner des problèmes socio-économiques qu'elle devait affronter. L'idée fit une longue carrière, jamais interrompue.

La spirale ne cessa alors de se renforcer. On s'adressait désormais aux peuples plus qu'aux princes. Côté français, les diplomates entamaient une nouvelle vie, dans laquelle le suivi de l'agitation sociale prenait le dessus sur le dialogue entre chancelleries. Michel-Ange Mangourit, consul français dans la ville américaine de Charleston, entreprend ainsi de soulever la Louisiane pour gagner ses habitants à la cause révolutionnaire, tandis que Jean-Louis Giraud-Soulavie milite, depuis Genève, en faveur de la même cause. En face, le fameux manifeste de Brunswick (25 juillet 1792) réunit à nouveau le Saint Empire et la Prusse pour mettre en garde le « peuple de Paris » contre toute insulte ou attentat contre la personne du roi[5]. Le dialogue est presque direct puisque les masses ainsi admonestées répondent, seize jours après, par la prise des Tuileries. Quelques semaines plus tard, le duc de Brunswick est battu à Valmy (20 septembre 1792). Ainsi vient à se boucler le triptyque inédit diplomatie-émeute-guerre : la diplomatie parle au peuple et incite celui-ci à enclencher un mouvement social qui conduira à la relance d'une guerre qui, de surcroît, n'était pas désirée par les princes... Les sociétés sont bien entrées de plain-pied dans le jeu international.

5. Cross, 2011.

L'autre entrée se trouve du côté militaire. Là où l'armée professionnelle consolidait le pouvoir politique, l'armée populaire impose une nouvelle orientation, bien moins nette. Certains historiens minimisent cette rupture[6]. Il reste que la rapide modification des armées vient ébranler cette survalorisation du pouvoir politique absolutiste. Dès la déclaration de guerre impliquant la Première Coalition, l'armée française devient populaire. À partir du 15 juin 1792, l'appel aux volontaires nationaux mobilise, certes aux frontières, mais aussi dans des lieux où le militantisme révolutionnaire est le plus accusé, comme dans les départements de la Seine, de la Seine-et-Oise ou de la Seine-et-Marne. La tendance s'amplifie avec le recrutement, trois mois plus tard, des « hussards de la liberté ». Elle va s'accomplir avec la levée en masse, instituant en février 1793 le recrutement par tirage au sort, puis se parfaire avec la loi d'août 1793 qui généralise la levée : progressivement, l'armée, qui atteignit les effectifs de 804 000 hommes en décembre de la même année, devint celle du peuple et d'une opinion publique tirant, pour la première fois dans l'histoire, vers un véritable militantisme partisan[7].

Une telle transformation portait deux paramètres nouveaux et des plus importants. D'abord, la société était désormais *dans* l'armée, jusqu'à travers ses chefs renouvelés par la pression de la Révolution. L'action internationale n'était plus coupée de la réalité sociale. Mais surtout, la société s'appropriait la chronique internationale : comme le révélait la victoire de Fleurus, l'été suivant, l'acte guerrier était d'abord celui du peuple. Il n'est qu'à se référer à l'*Hymne de la Victoire*, composé alors par Charles-Simon Catel sur des paroles de Roland Lebrun, et dont une version simplifiée fut écrite pour être chantée dans les fêtes populaires sous le nom de *Chanson de Fleurus*[8]. Peut-être le plus fort de la Révolution fut-il même socialisé et popularisé par la guerre et le jeu international, au-delà des craintes et de l'hostilité qu'opposait Robespierre aux « missionnaires armés » : « l'incorruptible » fut peut-être la première victime de cette socialisation de l'international qu'il

6. Black, 1990.
7. Scott, 1988.
8. Élart, 2015.

semblait craindre dans ses modalités, puisqu'il chuta juste après Fleurus.

Certes, cette innovation dépérit quelque peu par la suite : l'objectif de pillage l'emporta progressivement sur celui de libération[9], Bonaparte rétablit l'esprit de puissance et restaura un pouvoir politique prolongeant, sans le reproduire, l'absolutisme d'antan. Mais la « guerre totale », celle du nombre, celle en fait de la société, avait fait son apparition pour ne plus disparaître[10]. Elle donnait un sens plein à la nation qui s'incarnait désormais dans un comportement social, dans l'identification, la haine, l'humiliation, la revanche, autant de paramètres gouvernés par les sociétés davantage que par le pouvoir politique[11]. Celui-ci bien sûr ne succombait pas et se ressourçait encore dans la guerre, mais désormais celle-ci le dépassait, intégrait l'international dans la conscience collective qui n'allait plus s'en défaire : l'acte martial inventait, sans le dire, une part d'inter-socialité qui ne devait plus quitter la scène.

Cette appropriation sociale de l'international se développa très vite par la suite, en favorisant une construction populaire de l'idée de nation, dont les Allemands à Iéna furent les premiers acteurs[12], suivis bientôt par les Espagnols et bien d'autres. Mais elle déboucha aussi sur la multiplication des acteurs non étatiques liés à la guerre et impliqués en elle : philosophes comme Emmanuel Kant ou Edmund Burke, idéologues et journalistes qui commencèrent alors à créer une opinion sur la guerre et l'international[13]. Contrairement à ce qu'évoque le rattrapage tenté plus tard par Carl Schmitt, les choses ne sont plus si simples : l'État ne désigne plus un ennemi qu'il imposerait à son peuple pour préserver son unité, mais il construit désormais l'inimitié dans une transaction complexe entre le politique et la société[14].

---

9. Leclercq, 1999.
10. Bell, 2007.
11. Roynette, 2005 ; Badie, 2014.
12. Badie, 2014, p. 61 *sq.*
13. Belissa, 2006.
14. Schmitt, 2009 [1932].

UNE LENTE DÉCOMPOSITION DES PRATIQUES

Non seulement le modèle westphalien résista tout au long du XIXe siècle et même au-delà, mais il vint même à se consolider comme corps doctrinal et normatif, inspirant un droit international, des pratiques et une diplomatie. Pourtant, le XIXe siècle fut un temps de vérité qui confirma toutes les ambiguïtés déjà visées. La banalisation du modèle westphalien révéla en fait trois foyers de décomposition affectant ses principes d'origine : une appropriation sociale de l'international sans cesse renforcée, une construction en douceur d'une opinion publique qui vint à envahir l'espace mondial, et surtout une mobilisation sociale en pleine ascension qui commençait déjà à conditionner l'agenda international. Ces trois tendances continuèrent à se développer par la suite et jusqu'à aujourd'hui, même s'il est parfois de bon ton de les sous-estimer afin de rejoindre l'adage simpliste – mais politiquement nécessaire – d'une « opinion communément indifférente aux questions internationales »...

L'*appropriation sociale* de l'international constitue un élément de poids dans l'évolution des pratiques westphaliennes. En s'inscrivant dans l'ordinaire de la vie des nations, le jeu international rendait celles-ci de plus en plus réceptives et réactives aux événements extérieurs. De communauté politique centrée sur elle-même, la nation devenait, en mutant quelque peu, un partenaire à part entière sur la scène mondiale, et ce par le truchement de trois dynamiques appelées à durer. L'*implication*, d'abord : suite logique de la conscription, l'impôt du sang n'était plus un privilège aristocratique ; par ce biais, les conflits internationaux se démocratisaient, avant même la lettre, et concernaient tout le monde. Si Fleurus devint la victoire du *peuple* français, Iéna fut perçue comme la défaite du *peuple* allemand : vrai redémarrage populaire d'un nationalisme naissant, cette mutation fit définitivement entrer la société tout entière sur l'affiche internationale, aux côtés du prince qui n'était plus tout seul. Mais, plus encore, cette implication devint très vite une *identification* : la guerre de Crimée (1853-1856) fit exploser le nombre de rues baptisées du nom d'une de ses batailles, à l'instar de Sébastopol, Alma ou Malakoff, tandis que le langage populaire s'enrichissait de mots nouveaux empruntés à l'épopée (« barbaque » en mémoire de la viande de mauvaise qualité mangée par la troupe, « cardigan » en référence à l'uniforme du Lord du même nom qui dirigea la tout aussi fameuse « charge de la brigade légère »). Des souscriptions furent lancées avec succès en faveur de ceux, proches et semblables, qui s'y étaient battus, alors que 95 000 Français furent laissés morts sur le champ de bataille[15]. Cette guerre-phare du XIXe siècle fit surtout entrer la grande presse dans l'événement : celle-ci augmenta alors considérablement ses tirages, tandis que les photos – dont certaines étaient déjà truquées comme pour peser sur le contexte – firent leur apparition[16]. On ne pouvait plus, dès cette époque, plaider la fameuse thèse du « manque d'intérêt pour l'international »...

La formation d'une *opinion publique sur l'international* va au-delà de la simple réactivité et nous fait déjà passer dans l'ordre de l'actif. Avant même de s'assurer de sa réalité, on en parle avec insistance dans des cercles politiques qui commencent à se dire dépossédés : Napoléon III n'a-t-il pas tenté d'excuser sa défaite en arguant d'une opinion publique qui l'aurait « forcé à faire la guerre » alors qu'il trouvait personnellement plus raisonnable de ne pas la déclarer[17] ? Les campagnes de presse et les manifestations de rue dans le Paris d'alors, innovation remarquable, ont-elles vraiment pesé sur ses choix ? L'histoire nous fait entrer, par ce biais, dans un domaine de connaissances durablement incertain. Avant qu'il n'existe une « opinion publique internationale », impliquant une réelle existence transnationale, il s'est clairement constitué, dès la fin du XIXe siècle, une « opinion publique *sur* l'international » qui n'a cessé ensuite de gagner en poids. Mais celle-ci se révéla-t-elle comme sujet ou comme instrument ? comme prétexte destiné à faire oublier les erreurs des princes ou comme moteur des événements ? comme émotion modifiant le contexte ou comme acteur venant le créer ? comme soutien porté au décideur ou comme contrainte imposée à celui-ci ? L'histoire a tendance à alimenter toutes les hypothèses. Quand

15. Kunz, 2014.
16. *Ibid.*
17. Stengers, 2004.

Sergueï Dmitrievitch Sazonov, ministre russe des Affaires étrangères (1910-1916), plaidait pour une totale solidarité avec les peuples orthodoxes des Balkans, au risque avéré de précipiter tout le monde dans la guerre, il affirmait alors que, faute d'une telle solidarité, le peuple russe risquait de se révolter[18] : était-ce un prétexte, une manipulation cynique pour avancer ses propres thèses ou le résultat d'une observation lucide des dynamiques sociales et des solidarités transnationales qui étaient à l'œuvre dans son pays ? Les accords de Munich ont-ils été rendus possibles par la réalité démontrée d'une opinion publique alors pacifiste ou auraient-ils été de toute manière conclus entre des princes sourds à toute pression ? Ces questions ont bien sûr leur importance mais ne renvoient pas à l'essentiel, fait d'une évidence installée pour durer : l'opinion sur l'international existant désormais, elle est inévitablement présente au moins comme acteur muet, face auquel il convient de ne pas perdre la face, devant lequel il faut briller, dont il faut attirer le vote et qu'il ne faut surtout pas prendre à rebrousse-poil... Interrogations obsédantes qui conduisent jusqu'à la « diplomatie électorale » de Donald Trump et aux performances néo-nationalistes que les leaders populistes d'aujourd'hui tendent à collectionner, de Vladimir Poutine à Boris Johnson, de Recep Tayyip Erdogan à Benyamin Netanyahou...Il se crée ainsi un versant public de la politique étrangère qui est cette fois solidement ancré au sein des sociétés.

Mais ce ne sont là que des prémices : la vraie décomposition de Westphalie tient à la réalité croissante et déterminante des *mobilisations sociales* capables de *faire* l'événement international. On est alors bel et bien dans une problématique du sujet, de l'action et même de la proactivité sociale. Au-delà de ce qui relève de la chronique propre à la Révolution française, force est d'admettre que le siècle qui suivit fut dominé par le mouvement des nationalités, vraie incarnation sociale de l'idée de nation, élément désormais principal de l'agenda international, facteur déterminant, directement ou indirectement, des guerres européennes. Si Westphalie invente le principe de territorialité et de souveraineté pour activer la nature politique du jeu international,

18. *Ibid.*

cette nouvelle séquence favorise l'effet inverse et précipite l'acteur social au centre la scène mondiale. À la base de cette nouvelle étape se trouve le fait insurrectionnel qui se développe sur le Vieux Continent dès la chute de Napoléon Bonaparte, et que le Concert européen tenta de maîtriser un peu partout à partir de 1815, par recours aux vieilles recettes : cette instance interétatique obtint quelques succès à court terme, en Espagne avec la prise du Trocadéro qui mit fin à la première révolution libérale, en Italie ou en Allemagne sur les terres surveillées par Metternich, ou à Varsovie, en 1831, sur laquelle « l'ordre régna » à nouveau, aux bons soins du tsar de Russie.

Il arrive cependant un moment où cet ordre issu du congrès de Vienne et de la tradition westphalienne ne gagne plus, où la marqueterie politique ne sait plus réagir à la complexité des configurations sociales, où l'inter-socialité l'emporte sur le conservatisme politique. Toute réalité sociale, complexe, changeante, instable, ne plie pas indéfiniment. L'indépendance de la Belgique (1830-1831) en est la première révélation. Certes, le Concert européen sut alors reprendre la main et réussit, à travers la conférence de Londres (juin 1831), à contrôler l'événement en respectant les rites. Mais l'événement n'en avait pas moins trouvé son origine dans un mouvement social qui avait bousculé le jeu diplomatique classique. Deux dynamiques qu'on retrouvera deux siècles plus tard (et plus loin dans ce livre) furent de ce point de vue décisives : l'effet de contagion qui transposa rapidement les Trois Glorieuses françaises dans la société bruxelloise, et une flambée sociale dont il faut noter qu'elle fut originellement portée par un mécontentement tout prosaïque, alimenté d'abord par la montée du chômage et par une hausse significative des prix, motivée par de mauvaises récoltes[19]. Le nationalisme n'est pas seulement un engagement romantique, mais aussi, et peut-être surtout, l'habillage symbolique d'une pathologie sociale profonde : les signes initiateurs (lecture publique des journaux français, manifestation lors de la représentation, à l'opéra de Bruxelles, de *La Muette de Portici* de Daniel-François Auber...) n'épuisaient pas la réalité d'une mobilisation sociale complexe qui, finalement, a fait la loi

19. Logie, 1980.

et a contraint la conférence diplomatique à décider de l'indépendance belge.

Suivons, plus au Sud, le mouvement quasi simultané qui s'empara de la Grèce jusqu'à en faire un événement international majeur, sur lequel, cette fois, le Concert européen n'eut aucune prise. Les principaux acteurs du jeu international en sortirent au contraire sollicités, plus que proactifs, et profondément divisés. Le moteur se trouvait certes dans le nationalisme hellénique, mais lui-même était d'abord porté par une situation sociale en pleine anomie et en forte décomposition. L'affaiblissement de l'Empire ottoman avait laissé aux potentats locaux le loisir de l'abus qui se traduisait par une pression fiscale énorme au bénéfice de ce qui restait d'administration turque, mais aussi, par le biais de l'affermage, à celui d'une petite noblesse chrétienne. La réaction prit initialement forme dans l'escapisme : fuir les tyranneaux, se réfugier dans la montagne, parfois même se convertir à l'islam pour échapper à la capitation due par les chrétiens. Mais, dans la pure logique de l'anomie, ce comportement se trouva vite relayé par la montée du brigandage, popularisée par l'essor des klephtes qui survivaient en rançonnant, volant, pillant, attaquant les villages, ciblant les Ottomans bien sûr, mais les riches chrétiens aussi. Cette banalisation progressive de la violence pour survivre put même brouiller les pistes, conduire certains (les « armatoles ») à collaborer avec les pachas turcs eux-mêmes jusqu'à les éloigner de l'ordonnancement nationaliste. Le besoin de survie faisait désormais loi, engendrant un nouveau romantisme, celui du bandit d'honneur, du « costaud », du « *big man* » de demain. On y retrouve les futures grandes figures de l'indépendance grecque : Markos Botzaris, héros de Missolonghi, dont le grand-père était armatole ; son compagnon d'armes, Dimitrios Makris, « *kapitan* » des klephtes avant la grande bataille. Instinct de survie et violences associées deviennent ainsi les premières entrées sociales dans le jeu international moderne.

Cette histoire est hautement significative, y compris et surtout pour l'avenir. Elle met à jour un mode de révolution sociale qui fait l'événement international ; elle révèle une mobilisation fichée comme nationaliste qui s'alimente en fait des comportements sociaux élémentaires, propres à satisfaire les besoins humains de base ; elle décrit un modèle – simple dans ses fondements mais complexe dans ses réalisations – qui n'a cessé de tenir le haut de la scène mondiale. Cette matrice s'est répandue très vite dans l'ensemble des Balkans, puis a débordé hors d'Europe pour faire l'ordinaire des processus de décolonisation, jusqu'à caractériser les formes contemporaines de conflictualité, où se mêlent nationalisme, étendards religieux, référents communautaires, brigandage, rançonnage, prises d'otage, attaques tous azimuts, y compris contre des semblables, et contrebandes de toute nature. On découvre ainsi un jeu international essentiellement social, dérivé d'une anomie mettant les institutions hors d'usage, inondant la scène internationale d'une inter-socialité face à laquelle l'instrument militaire est impuissant et aide même indirectement les « *kapitans* », les « costauds » ou les « *big men* » d'aujourd'hui à prospérer...

Chapitre 3

La découverte des autres

L'autre est d'abord social avant d'être politique. C'est ainsi, en tout cas, qu'on l'a découvert à travers l'histoire : prendre en compte, d'égal à égal, un système politique situé au-delà des océans était jadis un honneur exceptionnel que les cours européennes ne consentaient que rarement. Le politique de l'autre n'est valorisé que lorsqu'il nous ressemble et qu'il appartient au club. Hors de celui-ci, on procédait jadis par des intermédiaires, issus de la société ordinaire : explorateurs, navigateurs, missionnaires, marchands, aventuriers, plus ou moins mandatés, faisaient l'essentiel du travail de contact, inscrivant l'aube des nouvelles relations établies dans un contexte plus inter-social que politique et intergouvernemental. Il en restera toujours quelque chose par la suite : arrière-goût d'exotisme, distance prudente, incertitude méfiante, irrépressible tendance à inscrire l'autre lointain dans une relation de tutelle implicite ou explicite, inclination à souligner et à confirmer les dissemblances sociales que seul un salutaire « développement », une conversion ou une marche de l'autre vers soi-même, pourra atténuer. Dès lors, les contacts établis vont avoir des orientations diverses. Le premier sera une distante interaction de société à société, ouvrant peu à peu à un processus d'inculturation, puis d'éducation. À mesure qu'il tourne à la tutelle, ce contact instaure un rapport de crise et d'affrontement entre l'État administrateur et la société subordonnée. Il pourra enfin donner naissance à une forme originale d'intériorisation par les sociétés dominées des modèles venus les asservir. Aucun de ces trois niveaux n'appartient aujourd'hui à la seule histoire : persistant de nos jours, ou pesant du moins sur le cours contemporain des événements, ils relèvent toujours, explicitement ou pas, amendés ou non, de l'ordinaire de nos relations internationales.

DE SOCIÉTÉ À SOCIÉTÉ : UN EXOTISME PÉRILLEUX

On peut certes trouver, çà et là, des situations de premier contact interétatique entre pays lointains. Ceux-ci étaient pourtant rares et dérogatoires, et n'étaient pas toujours bienvenus : la Chine des Qin réserve un mauvais accueil à la mission diplomatique anglaise conduite par George Macartney en 1794 ; la même année, la première ambassade néerlandaise à Pékin est conduite de façon significative par un représentant de la Compagnie néerlandaise des Indes orientales, Isaac Titsingh, et n'a pas de lendemains. Les relations diplomatiques sont établies beaucoup plus tôt entre l'Empire ottoman et les monarchies européennes : en 1535 avec la France, en 1547 avec le Saint Empire romain germanique, et en 1582 avec l'Angleterre[1]. Mais elles s'instituent à un moment où les commerçants occidentaux étaient déjà en activité depuis bien longtemps, pour gérer les contacts et accumuler les privilèges... Il en allait d'ailleurs de même avec l'Empire du Milieu, où marchands étrangers et missionnaires étaient concrètement présents, au moins dès l'époque des Tang : l'oncle maternel du Prophète, Saad Ibn Abi Waqqas, y diffusa même l'islam en cette époque faste. Seuls les Japonais, en voisins puissants, purent y établir une ambassade en bonne et due forme, dès les Sui (début VIIe siècle).

Les relations de l'Europe hors de son propre monde impliquaient donc essentiellement de l'inter-socialité, autonome parfois, manipulée souvent, mais laissant toujours une part sensible au jeu durable des dynamiques sociales. Ce sont bien des navigateurs portugais qui établirent, pour leur compte, les premiers contacts avec le royaume africain du Bénin, à la fin du XVe siècle, commerçant avec le roi (oba) et cherchant à le convertir au christianisme. Cette œuvre prosélytique faisait d'ailleurs l'affaire de tous : commerçants et navigateurs qui gagnaient en facilités, souverains locaux qui espéraient en tirer des avantages individuels, monarques portugais qui pensaient y trouver les moyens d'amorcer une carrière de « monarques chrétiens universels » : la politique internationale s'alimentait d'abord d'une somme impressionnante d'activités microsociales... C'est même dans

1. Yérasimos, 1999, p. 65 *sq.*

cette perspective que l'oba Esigie envoya à Lisbonne sa première ambassade, laissant, en échange, les premiers missionnaires portugais s'installer sur ses terres et y bâtir leurs premières églises. La rationalité politique n'était pas absente, mais les relations, de par leurs finalités et leurs opérateurs, transitaient par le jeu des intérêts particuliers. On n'était pas seulement *à* une étape de l'histoire, mais bel et bien *dans* une histoire appelée à durer : c'est tout un modèle de capitalisme politique et de messianisme structurant qui se met en place, qui prépare le colonialisme et qui explique bien des aspects des relations euro-africaines d'aujourd'hui, en particulier la « Françafrique » qui continue à se nourrir des mêmes échanges.

La remarque vaut aussi pour l'Asie, où les grands navigateurs jouèrent, de façon assez autonome, le rôle de bâtisseurs des nouvelles relations internationales, qu'il s'agisse de Bartolomeu Dias, d'Albuquerque, à la recherche d'un mythique « royaume nestorien de Saint-Jean » destiné à contenir les Ottomans, ou, bien sûr, de Vasco de Gama, à la tête de ses trois expéditions vers l'Inde. La première de celles-ci est un modèle du genre : contournant le cap de Bonne-Espérance en 1498, les trois bateaux qui la composaient arrivèrent finalement à Calicut, exigeant du prince local, le samorin, qu'on espérait chrétien mais qui était hindouiste, l'expulsion des marchands arabes et l'attribution d'un monopole sur le commerce local. Débarquant sur la côte indienne et accueilli pas les questions de deux Tunisiens, Vasco de Gama ne leur répondit-il pas qu'il venait « chercher des chrétiens et des épices[2] » ? Bel exemple d'inter-socialité ! Mais, à un niveau plus politique, le prince, déçu des cadeaux offerts – des étoffes, des chapeaux et des pots de chambre –, refusa d'accéder à ses demandes[3]. Réamorcé par une deuxième expédition en 1502, le projet ne connut qu'un succès mitigé : comptant cette fois vingt vaisseaux et dotée de présents plus alléchants, cette mission permit l'ouverture de nouveaux comptoirs en Afrique, sans aller pour autant bien loin en terres indiennes. Pire, l'expédition fit place à une violence accusée, se traduisant par des bombarde-

2. Bouchon, 1997, p. 167.
3. *Ibid.*, p. 177.

ments meurtriers de Calicut et surtout par le coulage du bateau *Miri* qui transportait des pèlerins musulmans vers La Mecque. Tous périrent, victimes du naufrage et d'un incendie volontairement allumé sur ordre de l'*Almirante*...

Échec ou pas, tout semble en tout cas mis en place, selon une logique composite qui fit passer le navigateur dans l'histoire : une aventure sociale nourrie des récentes découvertes technologiques favorisant la navigation, l'expansion d'un commerce mutant en capitalisme mondial, l'espoir de construire un christianisme universel, soit un triangle d'opportunités qui conduisait le monarque européen et l'aventurier à pactiser, comme le suggère Sanjay Subrahmanyam[4]. Le premier trouvait de quoi flatter un ego politique : Manuel Ier, régnant alors sur le Portugal, ne prétendait-il pas se faire appeler « seigneur de la conquête », lui que son contemporain François Ier nommait du coup « le roi épicier[5] », tout en s'apprêtant néanmoins à l'imiter ? Le navigateur jouait, de son côté, le rôle de l'acteur transnational, prêt, disait-il, à changer de maître et à passer, si cela lui était utile, sous les ordres de Charles Quint, à l'instar de ce que fit d'ailleurs Magellan : sa rationalité individuelle, mais aussi ses préjugés, notamment religieux, pesaient directement et intensément sur la nouvelle vie internationale. Le contact avec l'autre, hindou ou musulman, samorin, raja ou oba, était d'abord empreint de considérations sociales. Celles-ci allaient faire le quotidien de la colonisation et annoncer un agencement international qui n'avait pas grand-chose à voir avec le système westphalien, et regorgeait déjà de rationalités inter-sociales : les prêtres et les marchands préparaient le monde de demain.

LE TEMPS DE L'INCULTURATION

La colonisation, notamment en Afrique, ou les « rapports inégaux » comme en Chine, prolongèrent et mirent en forme

4. Subrahmanyam, 1997.
5. *Ibid.*

ces prémices, laissant de ces cicatrices qui marquent durablement. L'inter-socialité est alors double dans ses effets : elle règle les pratiques et elle organise une mémoire vivace, devenue part intégrale des relations internationales d'aujourd'hui. Elle se construit, de façon significative, autour de deux principes sociologiques fondamentaux, l'échange et la socialisation, c'est-à-dire l'apprentissage de valeurs nouvelles et, en l'espèce, importées. Il est d'ailleurs remarquable que marchands et missionnaires, incarnant chacun une de ces variantes, fussent étroitement associés. En Inde, en Chine, en Afrique, les seconds s'appuyèrent sur les comptoirs ouverts par les premiers, comme à Goa, Cochin, Malacca, Macao, au Cap-Vert ou à Saint-Georges-de-la-Mine (Golfe de Guinée). On notera que cette socialisation de nature religieuse allait bien au-delà de son objet propre, pour inclure la diffusion du savoir et de la technologie, mais aussi des formes de mutualisme qui font l'ordinaire des relations internationales : coopération politique, échanges culturels dans les deux sens, assistance humanitaire, éducation... Ces missions nous plaçaient face à un jeu proche de celui d'une ambassade moderne et nourrissaient déjà l'ordinaire des relations internationales de l'époque. À une exception majeure cependant : la rationalité des opérateurs n'était pas celle d'un État mais d'un ordre religieux profondément empreint de ses intérêts propres, de sa vision hiérarchique des cultures, de son messianisme, du peu de cas qu'il faisait de la construction d'un ordre interétatique global. Interagissant avec les jeux princiers et commerciaux, cette rationalité restait fortement autonome. Notons ici que ces missionnaires procédaient par *inculturation*, incluant un minimum de transaction avec les cultures locales ou, au contraire, par *imposition*, ignorant les traits culturels de ceux auxquels ils s'adressaient. Notre hypothèse est que ce mode multiséculaire de relations internationales pèse encore de tout son poids sur les rapports Nord-Sud d'aujourd'hui. Il n'a rien de conjoncturel, encore moins d'anecdotique.

Le cas de la Chine est exemplaire. On sait le rôle qu'y accomplirent les jésuites, arrivés avec les marchands dès 1582, et particulièrement actifs en ces terres, du moins jusqu'à la dissolution de la Compagnie en 1773. Ils ne furent cependant pas les premiers, mais précédés dès la période Yuan par les frères mineurs capucins (XIIIe siècle), très investis dans les domaines d'assistance sociale et plus portés que la Compagnie de Jésus à s'occuper du peuple et des plus pauvres[6]. Cependant, les jésuites, dynamisés par la personnalité célèbre de Matteo Ricci, ont accompli dans l'Empire du Milieu un travail international qui retient une attention toute particulière. D'abord, par la variété des fonctions accomplies : en s'imposant par leur maîtrise des sciences, et en particulier de l'astronomie, en diffusant et offrant leur savoir dans de très nombreux secteurs, en popularisant en Europe l'histoire, l'art et la culture chinoises, ils surent gagner la sympathie d'empereurs pourtant peu enclins à accueillir les intrus et à s'ouvrir à un monde étranger quelque peu suspect ou tenu pour hostile. Ricci et ses successeurs étaient bienvenus à la Cour, qu'ils conseillaient ; ils s'inséraient même dans un travail diplomatique informel qu'ils réorientaient vers les normes occidentales, en servant de traducteurs et en rédigeant, par exemple, le traité de Nertchinsk, qui fixa en 1689 les frontières entre la Chine et la Russie[7].

Plus profondément, cette inter-socialité prétendait tirer son efficacité de l'idée d'inculturation : elle entendait ainsi socialiser l'autre en s'appuyant sur les éléments fondamentaux de sa propre culture, en tentant d'adapter le savoir universel messianique à la particularité du monde dans lequel il se propageait. Ricci s'habillait conformément à la mode chinoise, vivait selon les mœurs locales, mais faisait mieux et plus : lui et ses successeurs cherchaient à concilier confucianisme et christianisme, jusqu'à trouver pour « Dieu » un mot chinois, issu d'une culture pourtant athée. La pratique n'était pas isolée : elle avait déjà été pratiquée par Cyrille et Méthode avec les Slaves, par François-Xavier en Inde, où le *credo* avait été traduit en tamoul, et on la retrouvera en Amérique du Sud, en particulier au Brésil. La démarche mérite d'être considérée : bien connue des sociologues (qui la nomment « acculturation », pour se distinguer des théologiens), l'inculturation implique davantage la transaction que la coercition, mais elle change de nature selon qu'elle est équilibrée entre les deux parties ou simplement pratiquée à la marge, sur un mode incrémental[8]. Dans le premier cas,

6. Aubin, 1987.
7. Gernet, 1981.
8. Herskovits, 1938.

elle peut conduire à une reconstruction de l'universalité ; dans le second, elle s'apparente à une « domination consentie » et à l'exercice d'un pouvoir dont l'accomplissement est facilité par la ruse. Il reste que ce moment clé de la fin des Ming et du début des Qin marqua un temps de souplesse dans les relations internationales, se déportant vers l'inter-social, la découverte de l'autre et l'expérience d'une altérité dont l'exact profil restait indécis : reconnaissance ou habile séduction ? À l'époque, le stratagème était incontestable puisque la Compagnie de Jésus visait bien la conversion, et notamment celle des élites et des lettrés, façon réussie de contrôler l'Empire par le haut. Aujourd'hui, le dilemme reste le même, mêlant toujours simple séduction et réelle considération : à noter, tout de même, que plus le jeu est mené par les États, plus la première option l'emporte sur la seconde...

Cet habile équilibre était pourtant fragile : l'inculturation fut vite jugée trop concessive par les autorités supérieures de l'Église, et le pape Clément XI trancha dans la « querelle des rites » en décidant tout bonnement d'interdire, dès 1704, ces pratiques syncrétiques, confirmé en cela par Benoît XIV qui invalida tout rite d'origine non chrétienne. Le cas fut jugé suffisamment grave, et la déviation assez insupportable, pour que la Compagnie de Jésus fût même dissoute en 1773, ce qui ferma une parenthèse dans l'histoire tourmentée des relations inter-sociales. La réorientation du travail de socialisation lui donnait désormais un tour bien plus orthodoxe : l'empereur Qin ne s'y trompa guère, qui interdit, dès la décision de Clément XI, le maintien de telles missions chez lui.

Le temps de l'éducation

Les missions religieuses qui prirent la suite, un peu partout dans le monde, ne connurent plus les mêmes subtilités, sauf de manière très accessoire. Les missions catholiques rentrèrent dans l'ordre classique et lisible du projet ecclésiologique romain, ce qui n'interrompit pas pour autant le processus d'inter-socialité en direction des sociétés du Sud : écoles, hôpitaux, assistances techniques de même nature se rejoignaient pour concourir à une œuvre de socialisation qui évidemment perdait en finesse et gagnait en contrainte. De manière remarquable, cette nouvelle étape se faisait en liens plus étroits avec les États colonisateurs : les diocèses créés en Amérique du Sud, dans le sillage de la conquête, étaient directement rattachés à la cour d'Espagne ; dans les colonies françaises, la République très laïque favorisait sans s'en dissimuler les missions catholiques au détriment des protestantes (comme ce fut le cas à Madagascar) ou les missionnaires nationaux aux dépens de ceux d'autres nationalités (comme les Allemands en firent les frais au Cameroun ou au Togo). Administration coloniale et mission pratiquant une vraie division du travail de domination, voire une réelle sous-traitance, Paul Bert n'hésita pas à rappeler que « la laïcité [n'était] pas un produit d'exportation ». Il n'empêche : une autre forme d'inter-socialité était bel et bien en marche...

Beaucoup moins reliées aux États, et délestées du poids de l'ecclésiologie universelle, les missions protestantes accomplirent leur fonction de manière bien plus autonome, manifestant une forme plus visible d'inter-socialité, plus directement axée sur la domination des esprits. Le phénomène est d'autant plus remarquable qu'il est dans la droite ligne d'un messianisme que nous avons déjà décrit plus haut à propos des États-Unis. Méfiante, voire hostile, à l'égard du colonialisme classique jugé trop politique et trop centré sur la fonction administrative, la société américaine a développé, dès le XIXe siècle, un mode d'intervention religieuse notamment orchestrée par l'*American Board of Commissioners for Foreign Missions*, créé en 1810 afin d'agir un peu partout dans le monde. D'inspiration congrégationniste, élargie ensuite aux presbytériens, l'organisation entend très vite projeter ici et là, et surtout hors du champ chrétien, des missions mêlant les fonctions de diffusion de la foi, d'éducation et d'assistance. Son messianisme articule une vocation prosélyte à une perspective politique, liée à la reconstitution du royaume du Christ à Jérusalem, repère géopolitique privilégié ; il s'appuie sur un remarquable effort économique et financier pour mettre sur pied toutes ces activités[9]. Autant dire qu'il s'agit là d'une véritable opération

---

9. Tracy, 1842 ; Hutchison, 1987.

transnationale autonome, distincte de ces envoyés de l'Église de Rome protégés par l'administration coloniale. Les jésuites étaient d'ailleurs critiqués, voire stigmatisés par ces missions que nul, sauf le consul britannique, ne se souciait de protéger[10]. Ici, ni tutelle politique ni réelle stratégie organisationnelle : l'*American Board* n'agissait qu'en soutien financier. Cette inter-socialité est conforme à l'étymologie : même si les conversions importaient, l'essentiel, hors de toute perspective organisationnelle, était de changer les mentalités et les cœurs, de « civiliser » la région, comme par usage d'une sorte d'« artillerie du Ciel », pour reprendre la formule d'Ussama Makdisi. Celui-ci conte l'histoire d'un maronite libanais, Asad Shidyak, tout premier converti arabe par l'œuvre d'une mission protestante étatsunienne et dont l'auteur dit qu'elle annonçait le futur « clash des civilisations[11] ».

On est loin, évidemment, des rivages de Westphalie, et pourtant au milieu d'une séquence déterminante des nouvelles relations internationales. L'aventure débuta, sur le terrain, avec un certain Levi Parsons (1792-1822), natif du Massachusetts, qui commença sa carrière par la promotion de sociétés consacrées à la conversion de la Palestine. Il débarqua à Smyrne en 1819, en compagnie de Pliny Fisk, missionnaire britannique. Ce fut le point de départ d'une aventure décisive pour le Moyen-Orient[12] : même si les missions ne se limitaient pas à cette région emblématique, elles y concentrèrent une part essentielle de leur effort, notamment en Perse, en Syrie, au Liban, dans l'ensemble même de l'Empire ottoman. La tâche n'était pas aisée car les musulmans et même les chrétiens orientaux n'étaient pas disposés à franchir le pas de la conversion : Shidyak fut même jeté en prison sous pression du patriarche, et il fallut faire inscrire dans le *khatt-e homayyun* de 1856 (ordre constitutionnel imposé par les Occidentaux au sultan) le droit des musulmans à la conversion. On doit à l'entreprise la création des universités américaines du Caire et de Beyrouth, la traduction de la Bible en arabe et en persan, l'ouverture d'écoles et d'hôpitaux, mais surtout un étonnant ciblage des

10. Dogan, 2013.
11. Makdisi, 2008.
12. Verdeil, 2013.

élites sociales, intellectuelles et professionnelles de la région, auxquelles on offre, dans une démarche très pragmatique, une formation « moderne », « à l'occidentale », en échange d'une adhésion à des valeurs importées. S'ouvre alors un temps d'accueil de ces nouvelles élites dans les universités anglo-saxonnes où elles devaient compléter leur formation, puis, plus tard, dans les réseaux de toute sorte, notamment la franc-maçonnerie qui faisait bon ménage avec les Églises protestantes. S'amorçait ainsi, avec un mélange d'audace et de naïveté, l'occidentalisation de l'Orient, un *soft power* américain avant la lettre.

Pour quel résultat ? Dans l'ambiance du Moyen-Orient de l'époque, le nombre des conversions ne fut évidemment pas élevé, très inférieur à ce qu'il a pu être en Asie orientale. En revanche, la circulation des idées, normes, valeurs, stéréotypes, y commença une très riche carrière aux volontés clairement dominatrices : elle eut pour effet, comme le suggère Ussama Makdisi, de banaliser et d'ossifier le choc de modèles, d'inaugurer les cloisonnements, d'amorcer la pré-mondialisation sous des auspices culturalistes qui sont allés en s'amplifiant.

DES SOCIÉTÉS CONTRE LES ÉTATS : LA CONTRE-SOCIALISATION

L'histoire « officielle » a tendance, souvent par omission, à accréditer l'idée d'une passivité des sociétés extra-occidentales, notamment une fois la colonisation établie. La réalité est différente : faute d'organisation politique ou militaire capable de rivaliser avec les autorités coloniales ou de tutelle, les peuples soumis surent utiliser tous les instruments sociaux qui étaient à leur disposition pour opposer la résistance qu'ils souhaitaient. Ce parcours – qui conduisit jusqu'aux guerres de décolonisation – s'est imposé comme une autre variante de l'inter-socialité dont on trouve évidemment aujourd'hui de multiples prolongements dans les nouvelles formes de conflictualité internationale[13]. Cette

13. Badie, 2018, p. 40 *sq*.

« contre-socialisation » est actuellement au centre du jeu international, en particulier dans le Sahel.

La contre-socialisation consiste à s'appuyer sur les structures sociales traditionnelles, les normes, les valeurs, les symboles, les croyances religieuses et toute forme de production culturelle endogène pour se tenir le plus à l'écart possible de la domination imposée de l'extérieur, pour mobiliser contre elle et pour la combattre. Cette orientation est souvent qualifiée, pour cette raison, de « fondamentalisme », de « revivalisme » ou de conservatisme : pour autant, ses objectifs peuvent être, au contraire, de chercher à créer une rupture avec l'ordre imposé ; elle se distingue en cela des formes multiples de repli identitaire constatées au sein des vieilles puissances. Cette mobilisation d'un corps de référents culturels traditionnels a alimenté, et bien sûr alimente encore, les inter-socialités : djihadisme traditionnel en Afrique ou au Moyen-Orient, sociétés secrètes en Chine, insurrections d'esclaves en Amérique latine en sont les exemples les plus parlants. Ils sont très tôt devenus une composante essentielle des relations internationales, bien que négligée, car ils bousculent les codes westphaliens, leur sont irréductibles, tenant donc la puissance classique en échec et constituant des éléments forts de rupture. Même défaits, leur capacité de déstabilisation reste souvent très forte et prête à rebondir, tant ils s'insèrent dans des strates très profondes de la société.

Le djihad est d'abord un instrument religieux à finalité politique qui fut utilisé à des fins de mobilisation, y compris par le pouvoir, notamment pour contrer les croisades ou endiguer la pression mongole[14]. Il devint aussi instrument de *conquête* du pouvoir, mode dérogatoire de faire la guerre, moyen remarquable de détourner le jeu international du pouvoir institutionnalisé. Ainsi, le lettré, prêcheur et éducateur peul Usman dan Fodio (1754-1817), peu à peu pourfendeur de son ancien disciple, le roi haoussa du Gober, mobilisa contre celui-ci au nom du besoin de réformer un islam qu'il jugeait corrompu[15]. Chassé de la ville, il sortit du pays, rassembla sous l'étendard de l'islam les populations

14. Guidère, 2015.
15. Hamani, 2006.

nomades, mais aussi des paysans haoussas qui souffraient d'être surtaxés. Au nom de son identité autoproclamée de *Sarkin Musulmi* (« commandeur des musulmans »), il attira, dans une guerre amorcée en 1804, des combattants venus d'un peu partout, séduits par son charisme et par une façon autre, extrapolitique, de faire… de la politique ! Finalement vainqueur à Alkalawa (en octobre 1808), il créa l'émirat de Sokoto. L'épopée vaut pour ce qu'elle introduit : une forme inédite et politiquement libre de mobiliser *contre*, au nom d'arguments qu'on va précisément chercher dans un ailleurs mythique.

Il est remarquable que ce modèle ait ensuite servi de façon récurrente contre la colonisation et la superficielle « westphalianisation » de l'Afrique. Ainsi en fut-il de Hadj Omar Tall (de surcroît époux d'une petite-fille de dan Fodio), de Lamine Dramé, de Samory Touré, mais aussi d'Abd el-Kader, tous mobilisés contre l'entreprise coloniale française. Toutes les caractéristiques de l'inter-socialité sont alors convoquées pour forger leur itinéraire : pèlerinage à La Mecque, fréquentation des universités musulmanes, respect zélé des rites, création d'écoles coraniques, apprentissage du Coran, autant d'instruments offensifs de mobilisation, mais aussi, face à l'infidèle, de distinction, d'affichage d'un ailleurs et d'une contre-socialisation militante… L'aubaine fut jugée suffisamment belle pour que le djihad reprît, dans sa phase contemporaine, contre l'URSS en Afghanistan, à partir de 1979, puis contre les États-Unis et l'Occident, à partir du 11 septembre 2001, enfin contre les « régimes impies » qu'on voulait tout simplement renverser, à l'instar de Daech face à l'Irak post-américaine et à la Syrie du Baas. Autant de situations qui favorisèrent la banalisation d'une contre-socialisation qui eut de plus en plus, face à elle, sur la scène internationale, un ordre officiel, unique, imposé et institutionnalisé qui ne pouvait qu'activer de tels comportements dérogatoires.

Les sociétés secrètes qui se développaient dans la Chine du XIXe siècle, affaiblie politiquement et sous la tutelle croissante de l'Occident, rassemblaient, de manière différente, la plupart de ces caractéristiques, et notamment la mobilisation ostentatoire de symboles et de comportements aussi éloignés que possible de la pratique occidentale des relations internationales. Ce mélange de tradition affirmée, de base populaire puisée dans le mécontentement paysan et d'anti-occidentalisme a fait notamment la marque de la révolte des Boxers. Dès juin 1900, le mouvement devint un acteur central du jeu international en Chine, la principale menace portée aux légations étrangères et, en fait, à la politique d'implantation des vieilles puissances dans l'Empire du Milieu, beaucoup plus que ne l'étaient la cour impériale et les structures politiques classiques.

Si on se tourne vers l'Amérique latine, on découvre avec étonnement une manifestation voisine du même phénomène, grevée d'une complexité bien révélatrice du jeu international qui se met alors en place. Dès le XVIe siècle s'amorce un flux d'esclaves partant du golfe de Guinée vers le Nouveau Monde, et notablement vers le Brésil qui en absorba à lui seul quelque cinq millions, soit plus du tiers. Essentiellement à partir du XVIIIe siècle commença un mouvement d'émancipation (*libertos*) qui se poursuivit jusqu'à l'abolition de l'esclavage légalement proclamée en 1888. Cette évolution s'accompagna d'un processus de mobilisation, mêlant esclaves et affranchis qui éprouvaient toujours des difficultés à s'intégrer dans la nation, la société et l'économie brésilienne. De façon significative, ce mouvement se traduisit par la réactivation de vieilles allégeances à l'islam, propres à une population d'origine haoussa ou simplement encline à des conversions militantes, moyen attrayant de marquer sa différence et sa colère : cette islamisation touchait environ 15 % de la population servile ou post-servile et était particulièrement développée dans la région de Bahia, où le groupe était connu sous la dénomination de Malês. Le 25 janvier 1835, alors que le ramadan battait son plein et se déroulait en même temps qu'une fête catholique, l'un d'entre eux, Aluna, vendeur d'eau de son état, déclencha une insurrection qui n'aboutit à rien de moins que la prise momentanée de la ville de Salvador[16]. Malgré une intense campagne de conversion vers le catholicisme déclenchée ensuite par les autorités, l'identité musulmane se maintint, y compris au-delà du retour de certains anciens esclaves vers le Bénin, où, comble d'ironie, ils construisirent, à Porto-Novo, une mosquée, vraie copie de la cathédrale de Bahia que leurs ancêtres avaient

16. Reis, 1993.

dû bâtir de leurs mains au XVIIe siècle. Au-delà du symbole et de l'inversion de l'histoire, l'épisode révèle une longue séquence d'inter-socialité, faite d'humiliation intériorisée, de révolte spontanée et de revanche assumée, sentiers ordinaires de relations internationales dont on ne parle presque pas, mais qui marquent durablement le jeu international.

L'INTÉRIORISATION CRITIQUE DU MODÈLE DE L'AUTRE

Un troisième jeu inter-social se développe, en particulier à la fin du XIXe siècle, jusqu'à empreindre de manière profonde les sociétés du Sud. La domination occidentale ouvre, à la lisière de celles-ci, tout un ensemble de portes les mettant en contact avec la philosophie, la science et la technique élaborées sur le Vieux Continent depuis la Renaissance. Autant de référents nouveaux, rejetés par certains gardiens de la tradition mais appropriés, réinterprétés et requalifiés de manière active par beaucoup d'autres pour inventer une modernité inédite et combative. Ce travail d'ingestion a été partout édifiant : en Asie, où le simple mimétisme occidental s'efface, suite notamment à la paix de Versailles jugée décevante et humiliante. Commence alors en Chine un long travail de réinterprétation particulière du marxisme venu d'Europe, par certains intellectuels tels que Chen Duxiu ou Li Dazhao, l'un et l'autre éduqués au Japon, puis suivis par d'autres pionniers qui se forment au contact direct des sociétés européennes, à l'instar de Zhou Enlai, Zhou De ou Deng Xiaoping. Déjà auparavant, et sous la pression de la tutelle britannique, était apparue en Inde une forte tendance à un syncrétisme critique : on avait assisté à Bombay, en 1875, à la naissance de l'*Arya Samaj*, mouvement réformateur hindouiste, mélange de nationalisme, de rationalisme dirigé contre l'idolâtrie populaire et d'incitation à une érudition enracinée dans la vieille civilisation hindoue. Cette lente conversion intellectuelle des idées occidentales de nation, de souveraineté et de droit des peuples en un corpus conduisant progressivement à l'émancipation des anciennes colonies constitue un des éléments les plus surprenants, mais aussi les plus décisifs, des relations internationales pré-contemporaines.

Mais, de tous les mouvements qui s'inscrivent dans cette veine, la *Nahda* (Renaissance) arabe reste la plus représentative[17]. Mouvement littéraire d'abord, apparu à la fin du XIXe siècle dans le monde arabe à l'initiative d'intellectuels chrétiens et musulmans, elle avait pour objectif premier celui de restaurer la langue arabe et de l'adapter à la modernité. Cette orientation culturelle et linguistique était en soi un signe avant-coureur des flux qui allaient ensuite faire l'ordinaire de la mondialisation, sous la pression de laquelle chacun cherche à garantir et affermir son identité propre, jugée préférable à l'alignement sur les dominants. Pourtant, la dynamique ne s'arrêtait pas là : les qualifications linguistiques ainsi valorisées favorisèrent de nombreuses œuvres de traduction, importatrices de modèles nouveaux, mais aussi la création de journaux et d'institutions scolaires. Ainsi en fut-il de Boutros al-Boustani, maronite libanais, mais précisément converti au protestantisme par les missions américaines, auteur de plusieurs dictionnaires et encyclopédies en arabe ; des Égyptiens Ali Pacha Moubarak, formé en France et créateur d'un système éducatif moderne en son pays, ou Rifaa al-Tahtawi, fondateur de journaux et auteur de nombreuses traductions.

C'est dans la dynamique même de cette nouvelle inter-socialité que se trouve le plus intéressant. Très vite, celle-ci favorisa, conformément à la logique déjà soulignée, une surenchère fondamentaliste, d'abord perceptible chez les lettrés irakiens, dont la famille al-Alussi : l'un d'entre eux, Mahmoud al-Alussi (1802-1854), mufti de Bagdad, publia de célèbres *tafsir* (exégèses du Coran), marqués par l'influence salafiste wahhabite, alors que les tenants chrétiens de la *Nahda* lançaient, quelques années plus tard, l'association *Masaiat al Taqadom* (1874), qui restait pour sa part davantage empreinte d'influence occidentale. Ce divorce amorcé entre deux orientations de la *Nahda* va lancer un débat qui s'inscrit au centre de cette nouvelle pensée : face à un Occident dominateur, on recherche désormais le meilleur biais pour s'affirmer et renaître, hésitant entre une invention nationale capable de s'émanciper des tutelles, une arabité qu'il reste à concevoir politiquement et un panislamisme qui recouvrirait

17. Hansen, Weis, 2016.

l'Umma des seuls croyants… Ce grand débat est à la croisée de systèmes de pensée qui mêlent des flux culturels venant d'Occident et d'Orient, et que tentent de synthétiser certaines grandes figures qui firent autorité dans le domaine plus strictement politique, comme le Persan Jamal al-Din al-Afghani, l'Égyptien Mohamed Abduh ou le Libanais Rashid Rida, marqués en même temps par la pensée musulmane et par la science occidentale, par la tradition et par la raison, par l'ésotérisme traditionnel et par la franc-maçonnerie venue du Nord – en bref, une véritable imbrication de modèles sociaux d'origines diverses. Assez d'éléments nouveaux pour amener al-Afghani à se poser en « Luther de l'islam » et à ouvrir un débat qui reste encore aujourd'hui au centre de la question moyen-orientale comme des incertitudes internationales : que peut être la légitimité des États-nations musulmans préfabriqués à l'occidentale ? Al-Boustani, en son temps, trouvait deux mots arabes différents pour traduire la nation (*bilad* pour la Syrie, *watan* pour l'Empire ottoman) : ces hésitations n'ont pas disparu aujourd'hui ! Ces dynamiques, d'extraction sociale et culturelle, n'ont jamais cessé d'animer la région et de redessiner les contours d'une même énigme…

***

L'histoire regorge ainsi d'inter-socialités répondant aux modèles les plus divers, otages des traditions culturelles acquises, des circonstances et des inventions humaines venues de toute part. Mais jusqu'à récemment, ces phénomènes apparaissaient comme périphériques, implicites, secondaires et surtout endigués par un ordre international westphalien solidement installé. Ils reflétaient essentiellement un mode de domination qui cherchait à diversifier ses moyens, puis, de plus en plus, une façon de le combattre. Les choses vont vite changer, au-delà de la Seconde Guerre mondiale, et donner à notre objet une toute autre ampleur.

Deuxième partie

L'avènement de l'inter-socialité moderne

En sortant du second conflit mondial, nous avons très progressivement changé de monde. L'expérience d'une guerre exceptionnellement meurtrière et barbare y est évidemment pour beaucoup, mais d'autres facteurs, technologiques, économiques et sociaux, ont pesé de façon considérable, minimisés par l'obsession humaine de préférer la continuité au changement, les vieux repères bien connus aux orientations nouvelles largement absentes des manuels habituellement compulsés. À mesure qu'on parcourait la seconde moitié du XXe siècle, le jeu allait pourtant en s'inversant : le monde devenait plus inter-social qu'interétatique. Réputé dur, investi de pouvoir et de capacité de décision, le politique s'affaiblit doucement après la chute du mur de Berlin, perd de la combativité que lui donnait autrefois le sens du débat, tandis que le social, s'émancipant peu à peu des tutelles de jadis, gagne en autonomie, en force disruptive et même en puissance créatrice, s'imposant comme acteur majeur sur la scène internationale. Cette inversion doit être expliquée (chapitre 4), ses conséquences doivent être prises en compte, tant à travers le nouveau paysage social du jeu mondial (chapitre 5) que sous l'angle des nouvelles mobilisations qu'elle engage (chapitre 6).

Chapitre 4

Aux sources de l'inversion

Un paradoxe parmi tant d'autres : les classes dirigeantes ont baissé le pavillon du social au moment même où le monde devenait de lui-même plus inter-social que jamais. Autant dire que les acteurs politiques, économiques ou académiques ont curieusement pensé et agi à contresens de l'histoire. La tentation libérale pouvait être forte au moment où tombait le mur de Berlin, semblant entraîner dans sa chute toute une histoire de la pensée, faite de solidarisme, de socialisme, de communisme et de marxisme. La fin des idéologies paraissait acquise, ce qui valut à l'économie néoclassique d'accéder au statut de science exacte. Cette nouvelle orientation malmenait en même temps un social en pleine renaissance, bénéficiant des progrès fulgurants de la communication, et l'interétatisme traditionnel, en sapant, en tout cas, ses prétentions à réguler l'économie mondiale. Au temps de l'interconnexion généralisée, de la mondialisation des comportements sociaux et de la montée vertigineuse des attentes ou des frustrations sociales, l'*homo economicus* renaissait dans toute sa naïveté.

La passion du marché

L'aventure s'amorça bien avant 1989 : les débuts de la détente, à la fin des années 1960, déportèrent quelque peu la chronique internationale vers des questions plus économiques que militaires. Surtout, les accords de la Jamaïque (1976) mirent un terme au vieux système monétaire, emporté par la crise du dollar, et confièrent aux institutions de Bretton Woods, notamment au Fonds monétaire international (FMI), un rôle de surveillance, voire de tutelle, sur les économies nationales les plus fragiles. L'occasion était ainsi donnée d'écrire, par leur entremise, une page plus libérale. Celle-ci fut pensée sous l'autorité de l'économiste étatsunien Milton Friedman et de ses élèves qui commençaient à prêcher, de par le monde, les vertus d'un marché capable, à leurs yeux, de tout réguler : dans cette perspective, le politique comme le social devenaient sinon dangereux, du moins inutiles. Le nouveau prophète enseignait à l'université de Chicago, qui laissa ainsi son nom à ce retour en force du capitalisme libéral (l'école de Chicago), malmené autrefois par le keynésianisme qui prétendait répondre à la grande crise des années 1930 par une intervention sensible de l'État, destinée à relancer l'économie en soutenant la demande de consommation. Cette réhabilitation keynésienne du social était désormais dénoncée dans un contexte d'expansion mondiale qui considérait la pureté du marché comme la clé du succès[1].

L'idée fut très vite mise à l'exportation, notamment en direction du Chili où les Chicago Boys investirent l'Université pontificale de Santiago, alors que Salvador Allende venait d'être renversé (septembre 1973) et qu'une nouvelle politique économique était mise en place pour servir de modèle aux pays émergents. Le manifeste des Chicago Boys (*El Ladrillo*) vantait une politique de libéralisation et de privatisation massive qui leur était d'autant plus facile à mettre en œuvre que rien ne pouvait les arrêter dans ce contexte de dictature, ni syndicats, ni grèves, ni manifestations. Leur chef de file, Sergio de Castro Spikula, issu de l'université de Chicago avant d'être doyen de la faculté de science économique de l'Université pontificale, devint vite le conseiller économique de la junte, pour imposer d'abord la libéralisation des prix. Sa nomination, en 1975, comme ministre de l'Économie du régime d'Augusto Pinochet, marqua un tournant : édictant une politique d'exportation et de dévaluation face à l'aile conservatrice de l'armée, toujours favorable à une politique d'industrialisation et de substitution aux importations, Sergio de Castro et son entourage (Pablo Barahona, Manuel Cruzat, Rolf Lüders) avaient gagné leur pari[2]. L'économique était

1. Nelson, 2001 ; Kasper, 2002.
2. Valdès, 2008 ; Lopez-Martinez, 2013.

officiellement coupé du social et du politique, annonçant ce néolibéralisme qui séduisit Ronald Reagan et Margaret Thatcher, au point que la « dame de fer » voua un culte séculier à Augusto Pinochet... L'expérience coûta cher au Chili, en endettement, faillite bancaire et régression sociale, mais le modèle était désormais en place quelque part : il n'y avait plus qu'à suivre, comme le firent la Grande-Bretagne dès 1979 et les États-Unis à partir de 1981.

Pendant ce temps, l'université de Chicago recevait une pluie de prix Nobel d'économie, véritable baromètre de l'air du temps. Friedman en est gratifié en 1976, puis le phénomène s'accélère à mesure que la bipolarité agonise et vient à disparaître. George Stigler le reçoit en 1982, en récompense de travaux vantant les vertus protectrices de la concurrence aux dépens d'une bureaucratie tenue pour incapable de réguler[3]. James Buchanan, même s'il n'enseignait pas à Chicago, y a étudié et en est resté très proche : le Nobel lui fut décerné en 1986, alors qu'il professait l'urgence d'« enchaîner le Léviathan » et que Pinochet l'avait invité à Santiago pour rédiger la nouvelle Constitution chilienne[4]. Ronald Coase en est bénéficiaire en 1991, quelques semaines avant la chute de l'URSS, pour une œuvre qui cherche à montrer que seul le marché est efficace pour combattre les externalités, c'est-à-dire notamment les coûts sociaux d'une économie libéralisée : l'État doit se contenter de faire respecter la liberté[5]. L'année suivante, ce fut le tour de Gary Becker, qui valorisait la microéconomie pour promouvoir la vision d'un *homo economicus* calculateur, émancipé de références sociologiques[6], tout en dénonçant les excès d'efforts consentis en matière de protection du droit du travail et de l'environnement (« juste un rideau de fumée ») qui ne sauraient, selon lui, entraver la providentielle concurrence[7]. Robert Lucas en est lauréat en 1995, militant lui aussi de la suprématie de la microéconomie, et disqualifiant l'État pour tout rôle de régulation face à des cycles censés se rééquilibrer

3. Stigler, 1988.
4. Buchanan, 1985.
5. Coase, 1988.
6. Becker, 1993a.
7. Becker, 1993b.

d'eux-mêmes. En 1998, le vent commença à tourner, puisque la distinction honora alors Amartya Sen, qui se fit connaître notamment en réintroduisant la référence à la justice sociale... Pourtant, la séquence ne fut pas interrompue pour toujours, puisque James Heckman, Roger Myerson, Lars Hansen, Eugene Fama et Richard Thaler rétablirent successivement la tradition en leur faveur. C'est dire la puissance et la résistance de l'école de Chicago.

Comme on le voit, la séquence n'est pas innocente : elle vise explicitement à dissoudre, ou du moins à reléguer, le politique et le social, selon une radicalité qui dénature même les vieilles relations internationales. Le politique perd en tout cas sa vertu régulatrice du jeu économique, et ses interventions sont jugées intempestives : dans cette droite ligne, Margaret Thatcher et Ronald Reagan requalifient le G7 qui, de leur point de vue, n'a plus vocation à suivre, encore moins à gérer, l'économie mondiale. Le célèbre Groupe des sept, pourtant créé à cette fin par Valéry Giscard d'Estaing en 1975, est alors sommé de se rabattre sur les questions classiquement politico-stratégiques : lors de la tenue du G7 à Versailles, en 1982, on débat essentiellement des Malouines et de l'invasion du Liban par Israël. On pourrait croire, du même coup, à un retour vers l'orthodoxie réaliste d'avant, mais tel n'est pas le cas : désormais, le marché est au centre du jeu mondial, ce qui inspire une série de nouveaux dogmes comme le retrait de l'État, le recours aux privatisations, la fin des subventions, le dégrossissage de la bureaucratie publique. L'État ne règne plus que sur le strict régalien, mais celui-ci est parqué dans son domaine et n'a même plus la marque de l'aura scientifique, à laquelle seule l'économie prétend désormais : de quel droit le prince discuterait-il ses oracles[8] ? Quant au social, il est tout simplement étranglé par l'ascendant désormais octroyé à la microéconomie. Seul compte l'individu calculateur : il n'y a donc plus de choix social cohérent ni même de rationalité sociale légitime, ainsi que l'avait déjà affirmé Kenneth Arrow, précurseur de l'école de Chicago, prix Nobel dès 1972, fervent partisan de l'idée que l'optimum du bien-être ne dépend pas du *Welfare State* mais des vertus du marché[9]. Les grands enjeux sociaux (droit du travail,

8. Teivainen, 2002.

9. Arrow, 1951.

redistribution, régulation, environnement, sécurité humaine...) sont remisés ou abandonnés aux mains de la sainte providence animant le marché. Le « ruissellement » fera le nécessaire afin d'irriguer les plus pauvres : en fait, « *growth is good for the poor* », selon les termes mêmes de la Banque mondiale[10]. Le ciel est dégagé : les relations internationales ne dépendent plus, en fin de compte, que d'une racine économique ; la prochaine victoire du « monde libre » sur le camp soviétique est là pour l'attester...

L'internationalisation progressive des mouvements sociaux

Peu à peu, la logique du social a cependant pris le dessus, en tout cas de façon empirique : la première réaction internationale à ce nouvel ordre émergea davantage de la profondeur des sociétés que de la strate politique. Et les sociétés se sont d'autant plus « réveillées » que le néolibéralisme se faisait aussi dur et aussi aveugle. Certes, le G7 tenu à Versailles en juin 1982 fut marqué par la posture critique de François Mitterrand, peu enclin à exclure l'économie de l'ordre du jour des travaux. Mais, dans l'ambiance de l'époque, les princes eurent plutôt tendance à se laisser faire. Il en alla différemment des peuples, si l'on en croit les premières mobilisations sociales qui se dressèrent contre la doxa néolibérale. La flambée se manifesta par épisodes. Dès les 18 et 19 janvier 1977, Le Caire s'embrasa après une augmentation de 50 % du prix du pain, décidée par Anouar el-Sadate sur les recommandations du FMI qui entendait mettre un terme aux subventions accordées par l'État aux denrées de première nécessité. On releva alors soixante-dix morts au moins, et la mise à sac de tout ce qui pouvait évoquer l'Occident, assimilé à cette nouvelle politique (banques, bars, hôtels de luxe, agences de voyages...). Au Maroc, à Nador, Oujda, et enfin Casablanca, en juin 1981, les mêmes causes produisirent les mêmes effets : la fin exigée des subventions fit déraper les prix du blé, du beurre, de l'huile et de la farine. Grèves,

10. Dollar, Kraay, 2001.

émeutes, stigmatisation de l'Occident tinrent alors le haut du pavé. L'explosion se répéta dans le Sud tunisien (Douze, Gafsa, Kasserine...), puis à Tunis même, entre décembre 1983 et janvier 1984, toujours du fait de l'augmentation touchant le pain et la semoule. Deux remarques s'imposent à cette étape de l'analyse : le social, entendons la dynamique collective, trace presque mécaniquement les frontières au-delà desquelles l'économique n'est plus autorisé à étendre sa domination, quelle que soit sa prétention ; mais, plus encore, cette réaction sociale entame une longue carrière *internationale*, de par sa nature répétitive, de par la diversité de ses lieux bien sûr, mais surtout de par son énonciation, ses cibles, ses symboles, ses stigmatisations. Une nouvelle page des relations internationales commence alors à s'écrire...

Elle n'a jamais cessé son œuvre depuis lors, même si elle est toujours restée quelque peu brouillonne. Les 27 et 28 février 1989, le petit peuple de Caracas s'insurge ainsi contre les décisions du président social-démocrate Carlos Andres Peres de relever d'abord de 30 %, puis de 100 % le tarif des transports, mais aussi les prix du gaz, de l'eau, du téléphone et des biens d'extraction pétrolière : derrière ces décisions se retrouve le même spectre du FMI, tandis qu'on relèvera, de ce *Caracazo*, des centaines, probablement des milliers de morts. Une route était ouverte au populisme chavézien et à un style inédit de contestation internationale : le leader bolivarien, après deux tentatives de coup d'État en 1992, sera finalement élu en 1998.

La crise asiatique, amorcée en 1997, confirme cette évolution. Quatre mois après la signature d'un accord passé avec le FMI, perçu comme humiliant par l'opinion publique indonésienne, de violentes manifestations éclatent à Yogyakarta, Surakarta et surtout, les 13 et 14 mai 1998, à Jakarta, conduisant à la démission du président Suharto. Les cortèges mettent à sac les magasins de luxe et dénoncent explicitement le FMI, mêlant, dans leurs stigmatisations, des comportements ultra-nationalistes et xénophobes dont la diaspora chinoise fit douloureusement les frais. La même année, les mêmes causes produisirent des effets comparables en Corée du Sud : la dénonciation d'un prêt de 58 milliards de dollars concédé par le même FMI et les conditions jugées humiliantes qui l'accompagnaient ont fait basculer dans la grève 23 branches industrielles.

Mais le vrai tournant date probablement de 2008, année d'une crise alimentaire mondiale qui frappe évidemment le Sud en pleine face : selon les estimations de la FAO (Organisation des Nations unies pour l'alimentation et l'agriculture), l'indice de progression des prix des produits alimentaires passe, entre février 2007 et février 2008, de 139 à 219 (de 152 à 281 pour les céréales et de 176 à 278 pour les produits laitiers). Les origines du phénomène sont complexes : on les trouve en même temps dans la progression de la demande mondiale de consommation et dans la destruction de terres arables du fait notamment d'une urbanisation anarchique, d'une surexploitation productiviste et de la désertification causée par le changement climatique, auxquelles s'ajoute l'effet amplificateur d'une forte spéculation liée à la crise financière qui se développait parallèlement. En fait, tout cela se ramène à une réorganisation économique mal coordonnée et non régulée de la production agricole, variante malheureuse des fausses illusions portées, en monde rural, par le néolibéralisme triomphant. Le malaise pénalise en priorité une petite paysannerie qui se détourne des investissements nécessaires et qui ralentit sa production pour conduire à une brutale flambée des prix à la consommation.

Cette pathologie du « tout économique » était suffisamment forte pour enclencher une dynamique sociale protestataire justement capable de structurer l'agenda international dans des proportions inédites. Les émeutes apparaissent cette fois de manière groupée : dès février 2008, elles font deux morts en Guinée-Bissau et de quarante à cent victimes au Cameroun ; puis six morts au Mozambique et deux en Côte d'Ivoire où le prix du blé avait doublé en l'espace d'une semaine ; elles atteignent ensuite le Sénégal, le Burkina Faso, le Burundi, l'Éthiopie, le Ghana, la République centrafricaine (RCA), les deux Congo, le Mali, le Soudan, le Burundi, l'Ouganda, le Kenya, la Mauritanie, le Nigeria, le Maroc et l'Égypte. L'Indonésie est secouée par une violente contestation dénonçant l'envol du cours du soja ; au Pakistan, au Sri Lanka, en Thaïlande et aux Philippines, le peuple se soulève contre la hausse qui affecte le prix du riz, au Tadjikistan contre celle qui concerne le pain. Haïti compte cinq morts dans une massive mobilisation contre le renchérissement des denrées, l'Argentine, l'Équateur, le Salvador connaissent aussi des émeutes, tandis que les Mexicains s'insurgent contre les prix atteints sur le marché du maïs[11]. L'année 2008 est une première qui annonce de nombreux autres épisodes, et marque une véritable entrée des émeutes sociales dans le jeu international, repérable à plusieurs symptômes nouveaux : leur simultanéité, leur éclatement transcontinental, la dénonciation explicite du mécanisme international qui leur est sous-jacent, le ciblage du Nord, confusément lié à la mondialisation. L'inter-socialité accède désormais de plain-pied à l'agenda international et le domine, faute de laisser au politique une marge de réponse. L'école de Chicago se fait plus discrète dans ses proclamations : la Banque mondiale, dans son rapport de 1997, plaide même pour un « retour de l'État » (*The State in a Changing World*). Les théorèmes de l'école ne sont pourtant pas loin, continuant à influencer bien des gouvernements et à être enseignés dans bien des universités...

AUX RACINES DU CHANGEMENT : LES TROIS RUPTURES

Comment expliquer ce virage et cette redécouverte militante du social ? Pourquoi ces épisodes ont-ils été fondateurs ? En quoi ont-ils bouleversé non seulement l'agenda international, mais la substance même des relations qui le fondent ? Trois ruptures profondes ont en réalité fini par imposer leurs effets et par bouleverser la donne, sans que nous en ayons encore mesuré la portée réelle : la décolonisation, la dépolarisation, la mondialisation. Trois pressions fortes qui succèdent aux Trente Glorieuses et qui ont eu progressivement raison du tout stratégique, celui de la guerre froide, puis du tout économique, celui prôné par l'école de Chicago. La décolonisation est la grande oubliée de notre mémoire : non que nous l'ignorions, mais parce que nous avons sous-estimé son importance et les échecs, voire les bévues, qui l'ont accompagnée. La dépolarisation a été trop longtemps tenue pour une simple victoire du monde occidental, et négligée dans sa portée essentielle : la disqualification de la puissance

11. Sources : FAO ; *Courrier international*, 17-23 avril 2008.

comme principe actif et monopolistique du jeu international. La mondialisation, obsessionnellement présente dans le discours quotidien, surtout lorsqu'il est polémique, n'a toujours pas reçu les parures scientifiques dont elle a besoin pour devenir un vrai concept explicatif.

La décolonisation s'est opérée au prix de deux travers majeurs : l'importation non critique d'un prêt-à-porter institutionnel venu des anciennes puissances coloniales, ouvrant la voie à l'éclosion d'États peu légitimes et peu efficaces ; le placement de ces nouveaux États à la marge du système international, dans une périphérie n'ayant aucun accès à la décision collective, et ce quel que fût le poids démographique et social des pays considérés[12]. Il en a résulté de gigantesques décrochages, inconnus dans les jeux internationaux passés. D'abord, l'apparition d'« États passifs », comparables aux citoyens de même qualité qui, jadis, dans les républiques aristocratiques, n'avaient pas voix au chapitre. Ensuite, le confinement de ces États dans une diplomatie plus protestataire que proactive, comme le suggère ce long glissement de la conférence de Bandung (1955) à la naissance du Mouvement des non-alignés (1961) et aux deux conférences d'Alger (1967 et 1973) donnant notamment naissance au « Groupe des 77 ». Cette curieuse course vers les marges pouvait arranger beaucoup de monde : les vieilles puissances qui restaient entre elles, et les princes du Sud qui y voyaient, à tort ou à raison, un moyen possible de gagner, par une rhétorique tribunitienne appuyée, un minimum de popularité – sinon de légitimité – auprès des gouvernés[13]. Les exemples illustrant la réalité et l'ampleur de cette stratégie sont nombreux : Mohamed Mossadegh en Iran, entre 1951 et 1953 ; Gamal Abdel Nasser au moment de la nationalisation du canal de Suez, en 1956 ; Sirimavo Bandaranaike au Sri Lanka, dans les années 1970.

En même temps, ces systèmes dits de « mobilisation » s'appuyaient par définition sur des dynamiques plus sociales qu'institutionnelles et sur une projection stratégique de la population sur la scène internationale. On se rappelle ce discours tenu

12. Badie, 2018.
13. Good, 1976, Braillard, 1987.

par le raïs égyptien devant une foule énorme massée à Alexandrie, le 26 octobre 1954, lorsque des coups de feu éclatèrent en sa direction : « Mes concitoyens, mon sang coule pour vous et l'Égypte. [...] Laissons-les me tuer. [...] Si Gamal Abdel Nasser doit mourir, vous serez tous Gamal Abdel Nasser. [...] La vie de l'Égypte ne dépend pas de celle de Gamal ! Elle dépend de vous, de votre courage, du combat que vous mènerez ! Luttez ! Et si Gamal meurt, alors que chacun d'entre vous soit un autre Gamal[14] ! » Plus profondément, et de manière réellement décisive, cette absence de « raccord politico-diplomatique » entre le Nord et le Sud, ce défaut de reconnaissance réelle, de dialogue institutionnalisé, au-delà des tutelles clientélistes, laissaient progressivement la voie libre à l'inter-socialité, faite alors d'expressions incontrôlées, de prises de parole « hors système », religieuses, sectaires, ethniques, sombrant parfois dans les excès les plus violents. Tous les attributs sociaux sont désormais mobilisables dans ce nouveau « dialogue » international...

Cette nouvelle voie sociale est d'autant plus efficace et visible que le non-alignement lui-même va essentiellement croiser le fer sur des thématiques plus socio-économiques que purement politiques. Certes, la thématique issue de Bandung, faite de souverainisme et de nationalisme, garde toute sa force symbolique, mais elle se cristallise, dès la conférence d'Alger du 25 octobre 1967, dans la revendication de droits économiques propres aux pays issus de la décolonisation. La conférence adopta la Charte des droits économiques du tiers-monde et posa alors les bases institutionnelles du fameux Groupe des 77. Le préambule était incontestablement dans le ton d'une protestation mobilisatrice : « Le sort de plus d'un milliard d'habitants du monde en voie de développement continue d'empirer du fait de l'évolution des relations économiques internationales. » Dans ce sillage, une autre conférence, encore tenue à Alger, en septembre 1973, quelques jours avant la guerre dite « du Kippour », traça les axes d'un « nouvel ordre économique international » que le président algérien Houari Boumediene exposa l'année suivante à la tribune des Nations unies. Le vent des Trente Glorieuses était en train

14. Citation extraite de *L'Orient-Le Jour*, 2 novembre 2017.

de tourner et la réaction néolibérale était en pleine gestation : c'est dire que la réactivité de la « communauté internationale » fut plutôt faible. Pourtant, cette nouvelle revendication portait en elle-même une énergie très forte : elle s'attaquait directement au droit international westphalien, puisqu'elle se voulait délibérément méta-souverainiste, considérant que ce défi économique était en soi international, indépendant de la structure socio-économique des pays du Sud, et réclamait ainsi une solidarité globale relevant d'une responsabilité commune. Elle légitimait désormais tout progrès de l'inter-socialité.

On n'était pas loin du temps de la dépolarisation qui accéléra le processus. À son époque, la bipolarité avait au contraire favorisé la subordination du social au stratégique : la lutte des classes était considérée comme partie intégrante de la compétition de puissance à laquelle se livraient les États-Unis et l'URSS. Même si tous les acteurs n'étaient pas alignés, chacun en subissait les contre-coups : en France, la scission au sein de la Confédération générale du travail (CGT), qui conduisit en décembre 1947 à la naissance de Force ouvrière (FO), était étroitement liée la montée de la guerre froide et, plus particulièrement, à la condamnation du plan Marshall par la direction cégétiste, plus ou moins sensible alors aux appels de Moscou. Encapsulé dans le jeu international, le mouvement social ne s'en émancipa guère avant le début de la détente : Mai 68 marqua, de ce point de vue, un tournant sinon décisif, du moins significatif. On notera déjà, avant d'y revenir plus en détail, que ce mouvement fortement novateur se construisit dans l'ambiance de la mondialisation et en référence à des modèles enracinés dans le « tiers-monde », loin de la bipolarité classique. Le social commençait à déborder du politique et à envahir une scène désormais plus mondiale qu'internationale...

Mais surtout, la chute du mur de Berlin conduisit à une dévaluation remarquable de la puissance. Au fil des années qui suivirent, on dut s'apercevoir, sans vraiment se l'avouer, que la puissance n'existait et n'était performante que face à une puissance de nature et de niveau équivalents. La théorie réaliste classique avait fort bien compris ce que la compétition signifiait et combien l'équilibre de puissance était à la base du jeu international tel qu'elle l'envisageait : cet équilibre était même au fondement du néoréalisme promu, comme nous l'avons vu, par

Kenneth Waltz[15]. Lorsque cet équilibre vint à disparaître, les États d'hier crurent pouvoir utiliser leur puissance avec d'autant plus de facilité : c'est le contraire qui se produisit, amenant à une succession d'échecs qui, à l'époque, purent surprendre. En fait, les nouveaux adversaires désignés, essentiellement venus d'un Sud privé des ressources classiques de puissance, opposèrent d'autres formes de résistance, souvent appuyées sur la faiblesse[16]. Ces ressources nouvelles, nous le verrons en détail, étaient évidemment davantage d'extraction sociale que gouvernementale : l'inter-socialité prenait du même coup une importance nouvelle, d'autant plus remarquable qu'elle surprit les princes du Nord qui n'étaient pas accoutumés à ce nouveau langage.

Quand la mondialisation vient tout bouleverser

Cependant, le facteur essentiel de transformation est ailleurs, dans la totale modification qui a affecté les supports mêmes du jeu international. Tel est bien le sens de la mondialisation. Pour comprendre l'effet de celle-ci sur le jeu international, il convient de distinguer la pertinence des *principes* qui l'animent et les *modalités* séquentielles de sa mise en œuvre. L'erreur très souvent commise est de confondre les deux, ce qui amène bien des acteurs et des observateurs à assimiler tout bonnement mondialisation et néolibéralisme : or celui-ci n'est qu'un des aménagements possibles de celle-là ! De même est-il faux de tenir la mondialisation pour un phénomène d'abord, voire exclusivement, économique, alors qu'elle s'inscrit essentiellement dans le prolongement des changements technologiques, notamment en matière de communication et de déterritorialisation. En ce sens, il est aventureux de parler de « déglobalisation[17] », dès lors qu'on saisit la mondialisation dans ses principes, tant ceux-ci transcendent la volonté des acteurs[18] :

15. Voy. Introduction.
16. Badie, 2018.
17. Bello, 2004.
18. Scholte, 2005, p. 42, 388 *sq.*

nul ne saurait défaire ni abolir la révolution technologique qui lui est sous-jacente. Autrement dit, le champ d'action politique concerne la « mondialisation-modalité » (le néolibéralisme) et pas la « mondialisation-principe » (issue de la révolution technologique) : il convient, pour cette raison, de bien distinguer les conséquences imputables à la première de celles qui dérivent de la seconde.

Il est remarquable que les deux aient contribué, de façon conjuguée, à faire passer l'inter-socialité de l'état de phénomène accessoire ou conjoncturel à celui de composante structurelle des relations internationales. À la « mondialisation-principe », on doit la dynamique inclusive, fabriquant un monde unique qui, à ce titre, ne supporte plus la matrice exclusivement politique propre au vieux monde westphalien. On lui doit d'avoir projeté des cultures multiples et diverses sur la scène mondiale, obligeant à transiter par cette différenciation des sens et des idées qui donne évidemment plus d'épaisseur sociale aux échanges. On lui doit une fulgurante ascension des capacités de communication, reliant directement entre eux les acteurs sociaux, indépendamment de leurs gouvernants. Un monde qui compte 20 milliards d'objets connectés ne peut pas ressembler à celui de la dépêche d'Ems, même si les Etats savent aussi en profiter. Plus de 4 milliards d'internautes dans le monde, 2,2 milliards d'utilisateurs de Facebook, 300 millions de communicants mensuellement sur Tweeter, 546 millions de comptes Linkedin, et, depuis 2010, plus d'un milliard d'individus annuellement touchés par Instagram, créent, à eux tous, un monde aussi virtuel qu'autonome et efficace, comme on a pu le constater avec le Printemps arabe où ces réseaux furent la source principale de mobilisation, paralysant la puissance des dictatures. On doit enfin à la mondialisation-principe une interdépendance croissante entre les économies, les sociétés et les cultures, mais aussi entre chacun de ces secteurs, dévalorisant la « politique pure » et infiltrant le social dans chaque domaine de la décision publique. Qui pourrait nier, depuis la grande crise du coronavirus, que le paramètre sanitaire est devenu majeur dans la quotidienneté même des relations internationales, alors qu'il avait été conceptualisé comme tel depuis bien longtemps dans l'indifférence complète des dirigeants, qui cherchaient surtout des succès à court terme[19] ? Qui contesterait que la question environnementale revêt la même pertinence depuis un bon moment, comme ce serait le cas pour la question alimentaire si elle touchait davantage le monde nanti ? La « mondialisation-principe » est ainsi dotée d'une propriété d'inter-socialité qui, comme telle, est irréversible.

La « mondialisation-modalité » a, bien entendu, des effets beaucoup plus différenciés, dès lors qu'elle s'étend du capitalisme d'État dans sa variante chinoise à un néolibéralisme connaissant lui-même toutes les teintes, jusqu'aux formes les plus radicales, observables notamment dans le monde anglo-saxon. Aucune de ces variantes ne peut totalement annuler l'effet socialisant de la « mondialisation-principe » : cet aspect fondamental est une source de dilemme pour le régime chinois, conscient que l'essor de sa propre économie passe irrémédiablement par une autonomie croissante d'une partie de sa société, notamment celle d'une classe moyenne supérieure désormais consommatrice sur le marché mondial et capable de peser en propre sur celui-ci. Grande bénéficiaire de la mondialisation, cette nouvelle classe dispose d'un pouvoir d'achat qui se rapproche de celui de la population sud-coréenne, tandis qu'on pronostique pour 2030 un niveau comparable à celui observé aux États-Unis en 2000[20]. Cette classe moyenne mondialisée diversifie et enrichit sa consommation, la part occupée par l'alimentation de base dans le budget de ses ménages passant de 37 % à 30 % : la mode, les loisirs, le luxe, le tourisme (70 % de sa croissance mondiale lui était imputé en 2017) deviennent un espace de pratiques qui autonomise grandement cette « élite » chinoise par rapport au reste du système, créant ainsi une réelle dynamique d'inter-socialité.

Mais c'est bien sûr le néolibéralisme, dans toutes ses variantes, qui porte l'essentiel de l'impact. Le phénomène joue dans les deux sens. Sa proactivité s'affirme dans l'autonomisation croissante qu'il suscite, en tout premier lieu chez les opérateurs économiques érigés, pour les plus puissants, en véritables

19. Garrett, 1994 ; Lee, 2003.
20. *Les Échos*, 3 novembre 2016.

« tyrannies privées » organisées à l'échelle mondiale[21]. Cette tendance est tout aussi remarquable à travers l'essor d'acteurs transnationaux non étatiques, disposant sur la scène mondiale d'un champ d'activité propre, défiant les logiques interétatiques : lobbies, cabinets de conseil, officines d'avocats spécialisées dans le domaine des affaires, écoles de management, *think tanks*, nouvelle économie digitale... Inversement, comme nous l'avons déjà perçu, les excès du néolibéralisme suscitent des stratégies sociales de plus en plus sophistiquées destinées à les endiguer : elles sont portées par les ONG humanitaires, de défense du climat et de protection de la nature, puis par les forums sociaux, à l'instar notamment de celui inauguré à Porto-Alegre en 2001 et qu'on retrouve pratiquement chaque année, par des « contre-sommets » de diverses espèces, souvent dressés face à une conférence internationale ou devenant partenaires de celle-ci[22]. Le point extrême se trouve, bien sûr, dans les mobilisations de masse dont certaines années (2008, 2011, 2019) ont été remarquablement porteuses.

***

Après toutes ces ruptures, l'inter-socialité disposait ainsi de sa propre dynamique ; elle écrivait désormais sa propre histoire, qui plaçait de plus en plus le jeu politique traditionnel en position de simple réactivité. Ici aussi, une distinction importante doit être cependant introduite, entre la réévaluation du social qui en dérivait, refondant ainsi l'ordre international quotidien (chapitre 5), et les situations de crise qui en résultaient conjoncturellement, forçant davantage encore l'agenda international (chapitre 6).

21. Voy. chapitre 8.
22. Voy. chapitre 9.

Chapitre 5

De nouveaux paysages sociaux

L'histoire européenne nous avait habitués, en tout cas depuis la Renaissance, à une structure sociale uniforme et ordonnée, dont la notion même de « société civile » était le reflet de plus en plus net à mesure que les siècles se succédaient. Dans la lignée d'Adam Smith, d'Adam Ferguson et des économistes écossais du XVIIIe siècle, la notion s'imposa peu à peu pour définir un champ d'activités faisant contrepoids à l'État et au domaine de la coercition légitime, comme à l'individu, autrement livré à ses impulsions et ses choix propres. La société civile est ainsi articulée à l'État, mais différenciée de celui-ci, selon une division des rôles qui abandonne au prince et à son administration l'ensemble des fonctions dites régaliennes. Cet ordonnancement se reproduit, comme tel, à l'échelle internationale : dans la vision libérale, toute société civile est portée à s'ouvrir au monde, ne serait-ce que sous l'impulsion du libre-échangisme, mais elle se distingue clairement et explicitement de la diplomatie et surtout de la guerre, qu'elle craint même dans ses conséquences funestes sur le plan du commerce. Au contraire, l'extension de celui-ci ne peut qu'apporter la paix. Jadis, Montesquieu considérait, en ce sens, que « partout où il y a du commerce, il y a des mœurs douces » et que celui-ci « [unissait] les nations »[1].

De ce point de vue, l'avènement récent de la théorie transnationaliste n'a pas marqué une rupture majeure, puisqu'elle se contentait de soutenir que les progrès de la mondialisation opéraient à la marge, rendant les frontières de plus en plus poreuses et précipitant un nombre sans cesse croissant d'acteurs non étatiques sur une scène mondiale encore gérée par les États[2]. Or,

---

1. Montesquieu, 1964 [1748], p. 651.
2. Keck, Sikkink, 1998.

plutôt que d'un changement marginal, il convient de défendre ici la thèse d'une rupture forte, et même brutale, qui se serait produite dans l'histoire récente des relations internationales. Cette brutalité est imputable bien sûr à la montée remarquable des menaces globales, mais elle tient aussi à l'évolution des structures sociales dans le monde, et en particulier au sein des pays du Sud issus de la décolonisation. Le vieil ordonnancement classique n'a plus cours aujourd'hui, parce que le concept même de société civile n'est pas opérationnel dans la plupart des sociétés extra-occidentales : perdant, sous le coup des facteurs que nous avons décrits, l'universalité qu'il avait acquise aux temps westphaliens, il ne structure plus le jeu international dans sa globalité. Face à un État faible, peu institutionnalisé, et face aux constructions communautaires et religieuses qui absorbent une part importante des allégeances individuelles, les différentes formations sociales en place, notamment en Afrique, mêlent activement l'interne et l'externe, la gestion et la protestation, le formel et l'informel, se retrouvant ainsi de plain-pied dans le jeu international quotidien. Les formes inédites de conflictualité sur lesquelles elles débouchent portent évidemment la marque de ces nouvelles combinaisons, injectant d'autant plus d'inter-socialité dans les nouvelles relations internationales. Tiraillées entre des traditions bien installées et la contrainte exercée par les modèles westphaliens importés, entre un monde développé et une insécurité humaine localement élevée, ces sociétés se situent hors des codes qui étaient censés les tenir en lisière des secteurs régaliens du jeu international. Nous sommes ainsi en présence de sociétés qui ne correspondent pas au modèle classique des sociétés civiles, qui ont spontanément recours à des vecteurs inédits d'internationalisation, et qui s'insèrent de manière nouvelle sur la scène internationale, jusqu'à transformer celle-ci en profondeur.

Des sociétés « non civiles » ?

Dans la pensée grecque classique, la société civile s'apparentait à la cité, dont elle partageait l'étymologie : peu à peu, elle s'en est distinguée jusqu'à apparaître comme son contrepoids. Son usage moderne reste donc indissociable de l'État, à condition que celui-ci admette cet espace de liberté relative, plus ou moins organisé, qui lui fait face : le totalitarisme ou l'autoritarisme musclé sont ainsi incompatibles avec l'idée même de société civile. Mais en même temps, cette dualité n'est possible que si la société reconnaît à son tour l'institution étatique, son existence, son efficience et sa légitimité ; plus encore, elle suppose qu'il y ait une part contractuelle chez tous les individus qui la composent, acceptant que le tout l'emporte, du moins dans les domaines essentiels de la solidarité, sur les parties qui le constituent. Il est nécessaire que la paix civile et la non-violence soient, à ce titre, considérées comme un code de conduite transcendant les rapports interpersonnels, ce qui implique, là aussi, un minimum d'intégration sociale préalable. C'est dire que toute société civile, partout dans le monde, est en devenir permanent et en fragilité continue. Mais c'est dire aussi que le principe même de société civile est mis en cause dans bien des sociétés décolonisées, en répercussion de la crise structurelle qui affecte l'État importé, en écho au niveau insuffisant de sécurité humaine, en conséquence des situations d'anomie qui s'y développent.

Il est inutile de revenir ici sur la crise de l'État importé[3] : mais il est sûr que, face à un État failli ou simplement faible et peu légitime, la société n'a pas la même configuration. Elle aura tendance à s'emparer, notamment au travers de ses segments, de quantité de fonctions internationales habituellement dévolues au pouvoir central. Dans les « États importés », l'autonomie des « périphéries » éloignées est souvent la rançon d'une inaptitude du centre à pénétrer les environnements sociaux les plus reculés[4]. La ville centrafricaine de Birao, au nord-est du pays, est par exemple inaccessible depuis Bangui, sauf par d'improbables avions : elle vit davantage des relations inter-sociales que sa population tisse avec le Tchad et le Soudan immédiatement voisins. Ce paramètre pèse lourd dans le développement de la « guerre civile » et de la conflictualité en ce pays. Plus spectaculaire encore est le cas de la République démocratique du Congo (RDC), où la

3. Badie, 1995.
4. Van Binsbergen *et al.*, 1986.

population réside majoritairement à la périphérie de son territoire : les principales métropoles, Kinshasa, Lubumbashi, Goma, Bukavu, Mbandaka, sont situées sur la frontière ou non loin de celle-ci, rendant de fait impossible toute interconnexion non aérienne, coupant donc du reste du pays l'écrasante majorité de leurs habitants. Ceux résidant à Lubumbashi survivent essentiellement grâce à la route reliant à Lusaka (Zambie) et Durban ; ceux qui demeurent au nord-est se tournent, formellement ou informellement, vers le Rwanda et l'Ouganda ; ceux séjournant à Mbandaka regardent volontiers vers l'autre Congo, situé à quelques arpents, et notamment vers la ville de Liranga. À Kinshasa même, les liaisons avec Brazzaville l'emportent sur celles avec la province.

Plus profondément, et tout particulièrement en Afrique, la culture et l'histoire n'ont jamais érigé le principe de territorialité en fondement du pouvoir politique : celui-ci est censé s'exercer directement sur les humains davantage que sur les espaces. D'où l'incertitude de la frontière, la banalisation des mobilités, et surtout cette incapacité de distinguer de façon tranchée le domaine du politique de celui du social. Les solidarités familiales, claniques, ethniques ou religieuses ont facilement le dessus sur les normes politiques. Quant à la terre, elle reste en même temps une ressource centrale de survie, un attribut sacré indissociable des traditions ancestrales, et un objet de querelles incessantes entre ceux qui y prétendent, sans que l'État puisse imposer de réelles normes foncières respectées par tous. Ce « déracinement » ancestral du politique affaiblit celui-ci et donne une forte capacité au lien social traditionnel qui se trouve à son tour comme « dénationalisé » et plongé dans le jeu régional et international, décidant, comme nous le verrons, de la guerre et de la paix, ainsi que de l'organisation socio-économique du pays : la concurrence pour la terre, en particulier, devient une matrice sur laquelle l'action normative de l'État n'a plus la main, opposant rituellement agriculteurs et éleveurs[5], les uns et les autres n'appartenant pas nécessairement au même pays, à la même ethnie ni à la même religion : tous les ingrédients

5. Blanc, 2020, p. 368.

d'une nouvelle conflictualité internationale, plus sociale que politique, sont là.

Évidemment, l'insécurité humaine accentue ces traits en renforçant les allégeances sociales (et non citoyennes) des individus et en incitant les acteurs sociaux à jouer éventuellement leur carte au plan international. Les 400 millions de ruraux qui peuplent l'Afrique seront probablement 600 millions en 2030, otages croissants de conditions sociales catastrophiques, faites de sous-alimentation en expansion et d'incertitudes bioclimatiques où se mêlent désertification, déforestation, destruction des sols arables. À cela s'ajoutent évidemment la concurrence inégale des multinationales alimentaires (Kraft, Sara Lee, Procter & Gamble, Nestlé, pour ne citer que l'exemple du café...), celle des agriculteurs américains et européens subventionnés par leurs États, l'effet douloureux du *land grabbing* (achat massif de terres par des compagnies ou des États étrangers), la détérioration des conditions sanitaires dans les campagnes, la déscolarisation massive des enfants en milieu rural et, bien sûr, un antagonisme social croissant pour contrôler les terres qui demeurent arables. Ainsi, les pêcheurs privés de poisson du fait de la pollution pétrolière abandonnent le golfe de Guinée pour gagner les terres cultivables du Nigeria, disputant celles détenues par des agriculteurs déjà menacés par les pasteurs chassés de chez eux par la désertification. Ce phénomène est remarquable à l'intérieur de nombreux États africains, comme au Nigeria, au Ghana, au Togo ; souvent, il se superpose à des clivages religieux qui ouvrent une porte à la diffusion, hors les murs, de leurs querelles (cultivateurs catholiques et pasteurs musulmans en RCA, éleveurs peuls et agriculteurs dogons au Mali) ; mais il a aussi une traduction internationale immédiate en suscitant des rivalités qui se développent souvent dans l'ignorance et la transgression des frontières, comme en témoignent les flux de populations entre le Soudan, le Tchad et la RCA, ou ceux qui s'opèrent de façon récurrente dans la région des Grands Lacs, alimentant quantité de conflits[6]. La malnutrition qui déplace des centaines de milliers d'hommes et de femmes entretient un peu partout un mouvement

6. Pourtier, 2012.

continu de réfugiés qui fait fi du principe de territorialité et qui favorise en même temps le recrutement et le rayonnement transnational d'organisations comme Boko Haram, Al-Qaïda au Maghreb islamique (AQMI) ou le Groupe de soutien à l'islam et aux musulmans (GSIM). Autrement dit, ces formations sociales sur lesquelles tout repose, notamment la survie des uns et des autres, explosent en inter-socialités de tous genres, de surcroît totalement incontrôlables.

Autant de traits qui recomposent le jeu social en deux directions qui pèsent, indirectement mais gravement, sur le système international : le renforcement des solidarités intracommunautaires et leur détachement des structures politiques et citoyennes. Autrement dit, on ne retrouve dans ces configurations que de faibles liens sociaux horizontaux, contrariant les besoins d'une division sociale du travail conçue à l'échelle nationale. De telles faiblesses, associées à de fortes intégrations microcommunautaires, génèrent quantité de foyers idéaux pour la propagation de l'anomie telle que Durkheim la définissait : les normes communément partagées sont insuffisantes pour construire une vraie confiance civique ainsi qu'une coopération durable entre individus. Précarité et défiance généralisée conduisent à des affrontements intercommunautaires récurrents en milieu rural, à des comportements de déviance et de délinquance en milieu urbain, suscitant graduellement de nouvelles dysfonctions internationales.

L'exemple des *kulunas* à Kinshasa est particulièrement significatif : ces jeunes des rues pratiquent le racket à la manière d'un métier ordinaire leur permettant de survivre[7]. Ce phénomène se retrouve dans bien d'autres villes d'Afrique, comme à Johannesburg, à Lagos ou à Conakry[8], ou même d'Asie, comme à Karachi, où il s'incarne dans les *badmash :* de façon remarquable, il est valorisé par ceux qui s'y adonnent comme une activité ayant une véritable fonction sociale. Il s'apparente parfaitement à ce que Durkheim appelait « le crime comme phénomène normal », « partie intégrante de la société »[9]. Le sociologue notait que,

7. Liwerant, Kienge-Kienge, 2019.
8. Philips, 2013.
9. Durkheim, 1960 [1894], p. 65-72.

pour dépasser le crime, il fallait une conscience collective atteignant la réprobation unanime : difficile à concevoir dans des sociétés où la précarité de survie conduit à préférer les stratégies de cavalier seul, où le niveau de chômage est alarmant, où la défaillance éducative est élevée[10]. Mieux, l'analyse sociologique des *kulunas* montre que le phénomène s'est révélé être un agent de contrôle social par substitution, capable de maintenir un minimum d'équilibre social dans des sociétés hautement fragilisées, comme essayaient de le faire autrefois les comités locaux du parti unique au pouvoir[11]. Moyennant quoi, les bandes de jeunes militent pour maintenir les choses en état de précarité, de peur de perdre un rôle social, utile, mais surtout lucratif pour eux : ils vont même jusqu'à s'en prendre aux ONG localement consacrées au développement, tenant leur éventuel succès pour une menace portée à leur propre survie[12]. C'est bien tout un paysage social inédit qui apparaît ainsi et qui change le monde dans des proportions qui n'ont rien à voir avec le temps de l'apprentissage européen à la société industrielle, encadré par un État construit et par des structures politiques et syndicales déjà performantes.

D'autant qu'on voit bien le cercle vicieux qui s'instaure au sein de cette société anomique : l'absence critique de normes conduit à accélérer la *demande* d'absence de normes et la pérennité d'une situation pathologique. Elle incite à un conservatisme social qui amène un grand nombre d'acteurs à préférer banaliser le conflit plutôt que de prendre le risque de l'éteindre. Or un tel calcul n'a pas de frontières et trouve son débouché naturel dans son internationalisation mécanique : une formation sociale sans liens horizontaux forts et crédibles déborde d'une énergie qui rend sa violence active chez ses voisins et bien au-delà, grâce à ses vecteurs de diffusion et aux bénéfices que chacun peut tirer de cette extension. De même ce jeu s'impose-t-il comme une véritable matrice sur le plan international : le système international, réglé selon les normes westphaliennes, est directement déstabilisé par la pression des sociétés qui ne s'y conforment pas. Telle est

---

10. Liwerant *et al.*, 2019, p. 53, 70.
11. *Ibid.*, p. 41.
12. *Ibid.*, p. 159.

bien la situation présente, qu'on persiste cependant, contre toute logique, à appréhender à travers l'ordonnancement illusoire des semblants d'État…

Vecteurs et entrepreneurs d'internationalisation

Toute fonction sociale active appelle à la formation d'entrepreneurs spécialisés qui viennent la prendre en charge. Le processus d'émergence peut se faire *sui generis*, à l'instar des bandes de jeunes que nous observions, dans les rues de Kinshasa, Conakry ou Karachi. Il peut également faire évoluer des organisations déjà existantes, en incitant celles-ci à changer et à s'adapter pour s'emparer de ces nouvelles fonctions. Il peut enfin susciter, *ex nihilo*, de nouvelles organisations, qui deviennent parfois de véritables entrepreneurs de violence. Dans ces deux derniers cas, la maximisation des gains auxquels prétendent ces nouveaux acteurs passe immanquablement par un effort plus ou moins conséquent d'internationalisation qui, bien entendu, relance le jeu inter-social.

Dans la concurrence qui s'active pour obtenir le marché de ces nouvelles mobilisations, les organisations déjà en place disposent de quelques ressources non négligeables : on dira même qu'elles ne peuvent pas prendre le risque de négliger un tel marché, quitte à évoluer dans leurs pratiques, surtout lorsqu'il s'agit d'organisations religieuses, spécialisées dans la gestion des biens du salut, qui s'alimentent donc d'un contrôle assidu des allégeances. Leur principal effort consiste à mettre en avant et à valoriser l'offre identitaire destinée à servir d'emblème aux formations sociales défaillantes. Cette offre s'effectue *dans* le monde et *face* au monde : cette internationalisation mécanique de leur action devient ainsi un élément sensible du dispositif, car plus l'anomie est prononcée, plus l'appel se reconstruit en conséquence, prenant vite une tournure violente. Ce phénomène a été largement étudié à propos de l'islam, débouchant souvent sur des polémiques et des simplifications « essentialistes », mettant en cause la nature même de la religion musulmane et ignorant l'effet du contexte sur les appels dérivant de certaines organisations qui s'en réclament. Observons cette mutation ailleurs, là où elle est habituellement moins scrutée, à travers, par exemple, les mobilisations bouddhistes qui se développent dans l'espace mondial contemporain.

On sait que le message réformateur du Bouddha Siddhartha Gautama s'était imposé, dans l'Inde du VIe siècle av. J.-C., comme un propos de non-violence et de compassion, resté de longs siècles dans la conscience collective qui s'est formée dans son sillage, notamment en Asie méridionale et orientale. À mesure que le bouddhisme s'est construit en communauté religieuse pérenne, les organisations qui s'en réclamaient ont eu pour jeu de consolider et d'enrichir l'offre identitaire qui lui était liée. Dans les sociétés contemporaines de faible intégration sociale, cette offre s'est peu à peu nourrie d'une pratique d'endiguement, voire de dénonciation, des identités concurrentes. Ainsi, en Birmanie, victime à la fois d'un régime dictatorial à peine assoupli aujourd'hui et d'un faible niveau de développement humain (classée 183e par le PNUD en 2018), la dénonciation de la communauté musulmane (5 % de la population birmane) devient un slogan audible et rémunérateur. Sur cette base, Kyaw Lwin, moine de son état, a créé en 1999 le Mouvement 969, dont un autre moine, Ashin Wirathu, a vite pris la direction pour le radicaliser davantage, affirmant ainsi son désir prioritaire de « protéger l'identité bouddhiste », interdisant les mariages interreligieux et dénonçant les musulmans « qui se reproduisent rapidement, qui sont violents et se mangent entre eux[13] ». Surnommé le « Hitler birman », il s'était fait remarquer par cette interpellation : « Vaut-il mieux se marier avec un chien ou avec un musulman ? – Un chien, car, contrairement au musulman, un chien ne vous demandera jamais de changer de religion[14]... »

Outrance, ségrégation, stigmatisation, diabolisation, activation de la peur peuvent être des symptômes banals de l'activation identitaire, qui se révèle payante là où les frustrations sociales sont fortes, associées à un manque de confiance dans les institutions et à un sentiment d'impuissance. De tels vecteurs ont été natu-

13. *Global Post*, 27 mai 2016.

14. *L'Express*, 9 juin 2017.

rellement prolongés par des appels au boycott des commerçants musulmans et par des émeutes répétées, vrais pogroms antimusulmans. Ainsi en fut-il au printemps 2012 dans l'Arakan, où les musulmans locaux (Rohingyas) et des éléments bouddhistes d'extraction majoritaire s'affrontèrent violemment, prémices d'une longue histoire[15]. Mais de telles tensions se retrouvèrent simultanément ailleurs, comme en mars 2013 à Meiktila (centre du pays), où on a relevé plus de quarante morts, des incendies d'écoles, de mosquées et de magasins... Selon un jeu bien connu, le gouvernement a suivi les enchères, ce qui conduisit à une forte répression, débouchant sur les exodes massifs qu'on connaît et qui alimentèrent progressivement la chronique régionale, puis mondiale. Malaise social, jeu des entrepreneurs identitaires, violence se substituant à l'absence de normes partagées : voilà comment l'inter-socialité fabrique un enjeu qui s'inscrit en bonne place sur l'agenda international et mondial.

De cela, le bouddhisme n'est pas responsable, pas plus qu'on ne saurait l'inculper des agissements de la secte japonaise Aum Shinrikyo qui s'en réclame, tout en se rendant responsable d'assassinats, d'enlèvements et de plusieurs attaques au gaz sarin, notamment celle perpétrée dans le métro de Tokyo en mars 1995. Le projet était d'amorcer cet *Armageddon* auquel ne devaient survivre que les membres de la secte, férus d'exercices ésotériques, mêlés de pratiques intensives de yoga, de consommation de drogues, d'initiations complexes et de pratiques sexuelles internes aux membres de la secte. Ici, la pathologie sociale n'est pas liée à un faible niveau de développement humain mais probablement aux excès non contrôlés d'une surconsommation. De manière significative, le gourou avait même tenté de s'emparer du virus Ebola lors d'une mission « humanitaire » au Zaïre (RDC) en 1992, autre manière effrayante d'internationaliser son action.

L'aspect le plus remarquable de l'irrépressible internationalisation de ces pratiques, aux racines sociales affirmées, se trouve dans l'exemple sri-lankais[16]. L'île est depuis longtemps marquée

---

15. Azeem, 2016 ; Kawser, Helal, 2019.
16. Gamage, Watson, 1999 ; Deegalle, 2006.

par une tension violente entre deux communautés ethnico-confessionnelles (Cinghalais bouddhistes et Tamouls majoritairement hindouistes), legs de la colonisation britannique qui avait importé à Ceylan une main-d'œuvre venue de l'Inde voisine. Après l'indépendance, la coexistence des deux communautés eut à souffrir d'une défaillance institutionnelle grave : si une politique active d'attribution de la citoyenneté cinghalaise fut menée dans un premier temps, elle ne fut jamais achevée. Pire, l'éviction de l'anglais comme langue potentiellement commune (ce que le Parti du Congrès n'osa pas faire dans l'Inde de l'époque) favorisa l'éclatement du pays en deux groupes séparés, parlant chacun une langue incomprise de l'autre. Cet échec manifeste de la construction nationale plaça les Tamouls en situation de dominés, et les Cinghalais en position de dominateurs prompts à donner leur propre nom à leur pays, et anxieux de voir leurs rivaux conquérir de nouvelles terres.

De part et d'autre, des entrepreneurs identitaires firent progressivement souche. Ainsi en était-il, côté cinghalais, du *Sri Lanka Freedom Party*, dont la marque était en partie brouillée par son activisme anticolonial, mais surtout du *Bodu Bala Sena*, créé, ici aussi, par des moines, en 2012, « pour renforcer la foi bouddhiste et la protéger ». En face se dressaient les « Tigres tamouls » (LTTE), institués bien plus tôt, en 1976, à l'initiative cette fois d'un jeune chef de guerre qui venait d'assassiner le maire de Jaffna. Un jeu politico-gouvernemental se mit assez tôt en place, interdisant l'importation de produits tamouls venant d'Inde, puis enclenchant à partir de 1987 une lente implication du gouvernement de Delhi dans le conflit, ce qui donna lieu notamment à l'assassinat du Premier ministre indien Rajiv Gandhi en mai 1991 par une militante radicale tamoule. Les émeutes interconfessionnelles se banalisèrent peu à peu à partir de 1958 ; relancées en 1977, elles se muèrent, après 1983, en une véritable guerre, civile mais internationalisée de fait, qui fit 80 000 morts, peut-être plus.

Le cas sri-lankais révèle un autre aspect des dérives dangereuses de la suractivation de l'offre identitaire et de sa dynamique transnationale. La mise en échec de l'affirmation tamoule réveilla et accéléra les tensions entre hindouistes et musulmans, petite minorité correspondant à 7 % de la population de l'île. Des confrontations avaient eu lieu dès 1915, à Kandy. Elles furent relancées en août 1990 à l'initiative des Tigres, ce qui laissa cent trente morts sur le terrain d'affrontement. À partir du printemps 2018, les violences reprirent de plus belle, suscitant, par l'éternel jeu de boomerang, le développement d'un radicalisme islamiste cristallisé dans une petite organisation comptant une centaine de militants issus d'écoles coraniques, le *National Thowheeth Jama'at*, déjà apparu deux ans plus tôt. L'un de ses militants, Zahran Hashim, qui avait fait préalablement allégeance à l'« État islamique », fut l'instigateur des attaques kamikazes meurtrières du 21 avril 2019, dirigées contre des hôtels et des églises catholiques. L'effet d'enchaînement est impressionnant : un identitarisme bouddhiste, enclenchant une mobilisation hindouiste tamoule, se retournant contre la communauté musulmane jusqu'à alimenter un djihadisme antichrétien et solidaire de Daech, implanté au Moyen-Orient et recrutant des partisans jusqu'au Sahel : l'inter-socialité va au-delà d'une traînée de poudre, pour se nourrir d'une chaîne de déterminants sociaux que les frontières n'arrêtent plus.

L'entreprise de violence peut même se calquer sur les dysfonctions sociales, et naître simplement en écho à leur intensification. L'exemple de Boko Haram et de son évolution est, de ce point de vue, édifiant[17]. L'organisation surgit en 2002 à l'initiative d'un prédicateur, Mohamed Yousouf, dans l'État nigérian du Borno, en grande partie musulman, mais surtout l'un des plus pauvres de la fédération (en 2007, quand Boko Haram prit son essor, le PIB par habitant y était de 1 214 dollars, alors qu'il dépassait les 2 000 dollars à l'échelle de la fédération). À l'origine, sa configuration n'avait rien de salafiste, mais se voulait stratégiquement proche d'une population assez largement laissée pour compte : d'orientation syncrétique, elle faisait une large place à la magie, aux gris-gris et aux superstitions locales. Face à un contexte social défavorable, la première réponse qu'elle prônait était celle d'une « réislamisation » contrôlée de la population[18]. Ses liens avec Al-Qaïda sont longtemps restés flous : on sait même que

17. Thurston, 2017.
18. Comolli, 2015.

l'organisation a essuyé le constant mépris, voire l'hostilité, de Ayman al-Zawahiri, bras droit puis successeur d'Oussama ben Laden. Mohamed Yousouf s'est en outre violemment opposé à un mouvement local d'inspiration salafiste, Izala (créé en 1978 à Jos par Sheikh Ismail Idris pour s'opposer au soufisme), dont il a même fait assassiner l'un des dirigeants. La ligne de départ était suffisamment souple pour que Yousouf soutînt activement la candidature d'un notable local, Ali Modo Sharif, au poste de gouverneur du Borno, l'aidant avec succès à accéder au pouvoir.

Cette fonction tribunitienne des premières années se rode par une politique active de recrutement des démunis, un encadrement des apprentis qui cherchent à accéder à un métier, une mobilisation des chômeurs, donc une proximité forte l'unissant aux parties les plus faibles de la société. Les affrontements avec le pouvoir central gagnèrent rapidement en intensité, conduisant à une radicalisation du mouvement, jusqu'aux violences inouïes de l'année 2009 au cours de laquelle Mohamed Yousouf perdit la vie. Pillages, rackets, trafics d'armes, dans lesquels l'armée fédérale fut elle-même impliquée, traduisent ce mélange détonnant de décomposition sociale et de faiblesse pathologique des institutions. Le devenir même du mouvement est alors tiraillé entre une stratégie de montée à la violence extrême allant jusqu'à des attentats-suicides commandités à des enfants, et un discours mêlant grossièreté et brutalité affirmées, au point que le nouveau leader, Aboubacar Shekau, dut être destitué[19].

Inévitablement, cette dynamique déborda peu à peu des frontières, attirée par des situations voisines similaires, notamment en direction du nord Cameroun, où un tiers de la population reste en insécurité alimentaire[20], mais aussi vers le Niger, et de manière générale vers les pays bordant le lac Tchad. Boko Haram devint ainsi un entrepreneur transnational de violence, vivant et progressant au rythme de la désinstitutionalisation et de la précarité sociale des pays environnants, gérant ses « relations internationales » capricieuses avec les autres organisations de même identité, comme Al-Qaïda qui le rejetait, Daech auquel il

19. Apard, 2016.
20. Larcher, 2019.

fit allégeance et qui pesa sur le choix de ses dirigeants, AQMI dont il se rapprocha en 2012. Ces liens organisationnels imprécis deviennent à terme une ressource, tant leur ambiguïté permet les revirements, les coups stratégiques, les dissimulations de toute sorte, tout en entretenant le caractère informel des modes de gouvernance du groupe : ici aussi, l'inter-socialité l'emporte sur les vieilles logiques de management.

Des transactions au-delà des frontières

Cette « élasticité » des formations sociales se traduit géographiquement par la mise en place de nombreuses transactions dépassant ou ignorant les frontières, et recomposant, par la force de leur récurrence, le jeu régional et international. Le principe de territorialité perd alors de sa vertu régulatrice, tant son respect apparaît, aux yeux des acteurs, comme contre-productif, illégitime, voire simplement impossible. Transgresser la frontière devient en même temps normal, indispensable à quantité de groupes organisés comme aux individus, tout en étant évidemment rétributeur. Le phénomène est observable partout, mais il est, de nos jours, particulièrement marqué dans les zones où convergent trois paramètres : une écologie rendant fictive toute ligne de démarcation institutionnalisée, comme dans les espaces désertiques, de montagne ou en haute mer ; des solidarités sociales fortes, de nature familiale, communautaire et religieuse, existant de part et d'autre de la frontière ; une précarité économique suffisamment marquée pour que l'obéissance aux règlements étatiques apparaisse trop coûteuse, voire impossible.

Le Sahel est une région idéale pour que s'accomplisse, banalement et quotidiennement, ce genre de transactions délinquantes : réseaux de villes et vastes superficies incontrôlables se conjuguent pour construire un espace d'échanges n'obéissant qu'à des normes sociales, issues en même temps de la tradition, des solidarités primaires, familiales et religieuses, et des utilités les plus cyniques, comme des interactions constitutives d'une division du travail spontanée. Ainsi en est-il des transactions entre le Niger, pays essentiellement pastoral, et le Nigeria céréalier, ou de ces réseaux marchands reliant les commerçants d'Algérie, en particulier de Tamanrasset, aux importateurs de même nationalité installés à Tahoua (à l'est de Niamey), où ils revendent les dattes de Ouargla aux petits commerçants de la région, complétant par des trocs incluant henné, arachide, essence, voire cigarettes de contrebande[21].

L'espace qui en résulte est doublement désétatisé. D'abord, parce qu'il s'émancipe de tout contrôle politique direct : douaniers, policiers, militaires sont au mieux impuissants, au pire parties prenantes, pour en tirer quelques bénéfices plus gratifiants que leur traitement de fonctionnaires. Ces transactions créent en effet leur marché parallèle de change, entre le dinar algérien, le franc CFA et le naira nigérian[22], tandis que les médiations extra-politiques accomplissent l'essentiel des fonctions de support des échanges : d'où la réévaluation du rôle des réseaux religieux qui socialisent les acteurs, règlent et organisent leurs transactions, structurent de plus en plus leur comportement, les accoutument à une vision transnationale de la vie collective. À quoi s'ajoutent des acteurs majeurs : le passeur clandestin, les contrebandiers en tous genres, les trafiquants de drogues ou d'armes, qui trouvent dans ces flux tous les éléments nécessaires pour optimiser leurs activités. L'absence de médiation politique pousse tous ces acteurs à une fusion de fait, profitable à tous, selon une logique qui peut aisément conduire à la guerre, elle qui devient parfois rentable et toujours utilement complémentaire des activités déployées.

L'autre source de désétatisation se trouve dans l'extrême fluidité des structures spatiales. Au-delà des foyers algériens, le processus s'étend au Niger, au Nigeria et jusqu'au Bénin, d'un côté, à la Libye de l'autre : chaque nouvelle opportunité économique et sociale déplace immédiatement les bornes ; la caravane peut laisser la place au 4x4, au car, au camion ou à l'avion, les commerces les plus frauduleux s'accommodant de toute forme de vecteur. À l'image des « territoires économiquement naturels », la nouvelle spatialisation est instable, changeante, conjoncturelle dans certains de ses arrangements et structurelle dans d'autres :

21. Grégoire, 2002.
22. *Ibid.*

l'inter-socialité produit une nouvelle géographie, là où la géopolitique se croyait au contraire déterminante fixe et seule pourvoyeuse d'explications.

Le trafic mafieux s'inscrit au cœur de toutes ces interactions. L'héroïne produite en Afghanistan finance ainsi l'activité des talibans ; traversant le Pakistan, elle est transportée par des boutres jusqu'à la Corne de l'Afrique, où les Shebabs somaliens se servent à leur tour, comme, plus au Sud, le groupe salafiste *Ansar al-Sunna*, acteur d'une rébellion au Cabo Delgado (nord du Mozambique), où elle arrive par camion. Elle rejoint ensuite l'Afrique du Sud, pour être enfin acheminée vers l'Europe[23]. Parallèlement, le même processus se retrouve pour la cocaïne, partant d'Amérique latine et aboutissant sur le Vieux Continent après avoir transité par l'Afrique de l'Ouest[24]. Les mêmes mécanismes donnent les mêmes résultats : fusion entre flux commerciaux ordinaires et flux mafieux, porosité des frontières, connexion avec des groupes extra-étatiques organisés, recours à la corruption des fonctionnaires locaux. Il serait cependant trop facile, et carrément faux, de simplifier le problème en en faisant le résultat transitoire d'un « sous-développement » mal maîtrisé, facile à effacer par recours à un effort de gouvernance locale. Celui-ci ne peut rien contre une écologie rebelle aux normes consacrées, ni contre des formations sociales dotées de la fluidité historique que nous décrivions. Il ne peut rien non plus contre les effets d'une insécurité humaine durablement installée. Il est impuissant face à la trop faible légitimité des États locaux, dont les structures ont été brutalement et naïvement projetées depuis une autre histoire. Ce rebond d'inter-socialité s'inscrit ainsi dans une phase longue et inédite de la mondialisation qui appelle à un réaménagement d'ensemble : elle relève bel et bien d'une réalité systémique.

23. Douet, 2020, p. 18-19.
24. *Ibid.*, p. 18.

Chapitre 6

Des mobilisations inter-sociales qui se banalisent

Cette diversification des formations sociales, leur histoire propre et leurs souffrances construisent une mondialisation plurale qui affecte, comme telle, le jeu international traditionnel. Mais l'effet est encore plus fort lorsque ces dynamiques sociales s'activent, débouchent sur des *mobilisations* dont l'intensité et les modalités inédites viennent directement perturber le fonctionnement du système international. Dès que la domination coloniale devient un fait accompli et que la mondialisation s'affirme, la découverte de l'autre et du monde se fait de plus en plus interactive, les dynamiques sociales deviennent davantage conflictuelles et le restent, refaisant l'histoire internationale à leur façon : nouvelles productions intellectuelles, manifestations et émeutes dont nous avons déjà envisagé certaines prémices, révolutions et guerres trouvent alors confusément l'essentiel de leurs racines dans ce substrat social fait de tensions multiples, et réorganisent fortement l'espace mondial. Plus encore, les ressemblances croissantes entre ces dynamiques et leurs progressives convergences viennent peu à peu forcer l'agenda international, puis peser sur des dirigeants devenus quelque peu impuissants, qui découvrent que leur panoplie politique et militaire est devenue insuffisante, voire inefficace. Ainsi se construit désormais une part décisive de l'actualité internationale ordinaire.

Les mobilisations sociales et leur lente entrée dans le jeu international

Il faudra attendre la deuxième décennie de notre siècle pour que ce phénomène s'accomplisse totalement. Mais sa préhistoire fut longue : les mouvements sociaux évoluèrent lentement d'un cadre national à un cadre délibérément international ou transnational. Certes, ces mouvements ont toujours eu, par nature ou par destination, une dimension internationale ; de même apparaissent-ils bien sûr, encore aujourd'hui, ancrés dans un récit qui reste en partie national. Mais, de par leurs causes, leurs thèmes, leurs modalités, leur aura, leur interconnexion, ils se construisent au fil du temps comme éléments majeurs de la scène mondiale. Ce processus résulte d'une lente gestation : dominant aujourd'hui, il perçait depuis bien longtemps. Les révolutions européennes qui ont succédé à celle de 1789 en étaient déjà empreintes, mais elles s'inscrivaient essentiellement, par leur genèse et par leur contenu, dans un répertoire national. Le vrai départ se trouve dans les premières réactions anti-impériales et surtout anticoloniales qui initièrent un jeu nouveau et durable, tant chez les acteurs que dans la société toute entière.

L'inédit est facile à comprendre. Les mouvements *anticoloniaux* inauguraient une double propriété qui ne quittera plus jamais la scène : nés *ailleurs*, loin du pouvoir effectif, ils recherchaient dans leur propre répertoire social les traits et les caractères inédits capables de les opposer frontalement à ceux du dominateur ; inférieurs en puissance, ils puisaient en même temps chez ce dernier les ressources qui leur manquaient pour s'imposer. Cette étonnante hybridation se faisait au-delà de la politique westphalienne classique et engageait une inter-socialité nouvelle et intense qui conditionne encore aujourd'hui la partie la plus critique de la vie internationale. On a déjà vu le rôle de la « réislamisation » dans les premières mobilisations anticoloniales en Afrique sahélienne[1]. On peut y ajouter celui du confucianisme et du bouddhisme dans l'Asie de la fin du XIXe siècle et du début du siècle suivant. Mais on doit surtout noter que cette mobilisation de la tradition s'est construite, notamment en Asie, dans un échange constant avec la pensée occidentale, réutilisée et critiquée par les intellectuels qui en firent un instrument destiné à montrer que, dans leur œuvre de domination, les Européens n'étaient pas cohérents avec leurs propres valeurs. L'échange est fort, infra-

1. Voy. chapitre 5.

politique, riche d'une confrontation d'idées, de représentations et de traditions distinctes. C'est ici que s'invente une part essentielle des nouvelles relations internationales[2].

De nombreuses figures s'inscrivent, partout dans le monde, dans le droit fil de cette nouvelle inter-socialité dont elles sont devenues les entrepreneurs. Celle, par exemple, d'un Lamine Senghor, l'un des premiers militants indépendantistes sénégalais, musulman non pratiquant, « tirailleur, facteur, mouchard[3] ». Dans cet enchevêtrement de contradictions, l'homme qui a découvert la politique d'inégalité dans sa première vie de soldat s'affirme peu à peu sur le mode identitaire, s'implique dans la guerre du Rif, crée en 1926 le Comité de défense de la race nègre, lance la revue *La Voix des nègres*, proclamant sous forme d'un manifeste : « Nous ramassons ce nom [nègre] dans la boue où vous le traînez. Nous en ferons notre symbole[4] ! » Entre « négritude » avant la lettre et bref séjour au Parti communiste français (PCF) dont il ne parvient pas à intégrer totalement la démarche, ce « tirailleur radicalisé » se fait entrepreneur d'une inter-socialité complexe et créatrice qui le portera même à être candidat communiste aux élections législatives de 1924 dans le XVIIIe arrondissement de Paris ! Inter-socialité qui demeure aujourd'hui et qui est un paramètre essentiel des relations entre l'Afrique et le Nord.

Cette histoire pourrait être rapprochée de celle, pourtant bien différente, d'Inji Efflatoun, issue de la bourgeoisie musulmane cairote, qui apprend le marxisme au lycée français de Maadi (banlieue aisée du Caire), puis découvre le cubisme et le surréalisme. Elle s'impose chez elle comme peintre dissidente, militante féministe et anticolonialiste, se rend à Paris en 1945 pour participer au premier congrès de la Fédération démocratique internationale des femmes, d'obédience communiste, où elle représente sa propre organisation de femmes égyptiennes. Elle y croise Anna Pauker, Dolores Ibárruri, la *pasionaria* espagnole, ou la Cubaine Vilma Espín, future épouse de Raúl Castro. Autant d'histoires qui se détachent des sentiers tracés de la politique pour

2. Aydin, 2007.
3. Murphy, 2015.
4. Murphy, 2019.

puiser dans un social rebelle et reconstruit sous l'effet d'une transaction incertaine, pragmatique et sans cesse renouvelée. Autant d'itinéraires qui construisent aussi bien l'universalité que l'irréductible pluralité sociale de notre monde.

Évidemment, quand il s'agit d'une mobilisation de masse, le curseur se déplace vers un revivalisme culturel moins hybride, collant davantage à la stricte identité de la société concernée : l'interculturalité est alors davantage frontale, construite modèle *contre* modèle, et non modèle *combiné à* d'autres modèles. Prenons l'exemple de la mobilisation anticoloniale en Algérie : elle témoigne d'une structuration progressive autour des normes et des valeurs les plus traditionnelles. Abd el-Kader se réfère dès novembre 1832 au djihad, quelles que soient ses sympathies franc-maçonnes ; une décennie plus tard, la révolte dans l'Ouarsenis est conduite par un marabout, Cheikh Boumaza, qui se proclame Mahdi, comme le firent Ahmed Bouziyan dès qu'il prit la tête, quatre ans après, de la révolution antifiscale de Zaâtcha, ou encore Mohamed ben Abdallah lorsqu'il conduisit, à Laghouat, la révolte de 1852[5]. Celle de Kabylie, en 1857, fut également organisée par une confrérie soufie. La grande révolte des Mokrani (1871) disposait du double sceau de la tradition, celui de la dynastie des Beni Abbes dont descendaient leurs leaders, et celui de la confrérie soufie des Rahmaniyya qui les soutenait. Dans la même ligne, l'insurrection du Sud oranais (1879-1883) est conduite par Cheikh Bouamama, dont le seul nom (« porteur de turban ») évoque la religiosité coutumière[6].

De manière significative, Abdelhamid ben Badis, initiateur du réformisme algérien, créateur de l'Association des oulémas musulmans algériens et promoteur d'une pensée articulant islamisme, nationalisme et arabisme, se réclamait de la descendance d'une vieille famille de notables, issue des profondeurs de la société locale et singulièrement de l'ancienne dynastie ziride (Xe-XIe siècles). Sa formation allie la fréquentation de la Zitouna de Tunis et d'Al-Azhar au Caire, mais aussi de celle de La Mecque où il fait le pèlerinage et donne des cours. De retour à Constantine,

5. Joly, 2012, p. 98-99.
6. *Ibid.*, p. 100 *sq.*

il développe l'enseignement de l'arabe, moyen d'éloigner ses disciples de l'influence coloniale française, et de produire une contre-socialisation mettant en échec la colonisation par la réforme sociale. Hybride ou frontale, la rencontre, devenue classique, entre dynamiques sociales venant d'au-delà des États, ouvre durablement une époque d'inter-socialité qui réorganise ainsi le jeu international.

L'EFFET MULTIPLICATEUR DE LA MONDIALISATION

Au-delà de ce temps colonial, la mobilisation inter-sociale, éteinte ou politiquement surveillée sous la guerre froide, connut un second souffle avec les progrès de la *mondialisation*. Le schéma est différent, mais l'effet comparable : la socialisation de la vie internationale ne se fait plus verticalement, par le choc de systèmes antagoniques, mais horizontalement, par une mobilisation conséquente de différents secteurs, venant du monde entier, qui se retrouvent dans une même critique adressée aux politiques de gestion de la mondialisation. Contrairement aux premières émeutes que nous avons décrites plus haut et qui concernaient les années 1980 et 1990, celles-ci ont désormais atteint un seuil qui dépasse le cadre national décrit plus haut pour prendre une dimension mondiale donnant tout son sens à l'inter-socialité. La grande manifestation des 29 et 30 novembre 1999 à Seattle est un point de départ qui témoigne d'un changement remarquable : elle réunit quelque 40 000 personnes venues protester contre les orientations prises par le sommet de l'Organisation mondiale du commerce (OMC), qui regroupait cent trente-trois pays prêts à lancer la *Millenium Road* du commerce mondial. Elle avait connu quelques prémices, comme cette mobilisation violente qui se déploya, en mai 1998, dans les rues de Genève, siège de l'organisation, ciblant les restaurants McDonald et quelques hôtels de luxe. Deux aspects inédits s'imposent à l'observation : l'extrême variété des manifestants rassemblés à Seattle, venant de tous pays et surtout de tous horizons sociaux (ONG, militants altermondialistes, syndicats, associations étudiantes ou féministes...) ; leur capacité à bloquer purement et simplement la conférence qui, finalement, n'a même pas pu se tenir. Qu'une mobilisation sociale ait pu mettre en échec un événement intergouvernemental de cette ampleur, qu'elle se soit déployée hors de tout contexte national immédiatement affecté, qu'elle soit organisée sur le territoire de la superpuissance, constitue une rupture, tristement concédée par la déléguée américaine Charlene Barshefsky, huée, même en session officielle, et qui accepte finalement de hisser le drapeau blanc...

Cette nouvelle étape s'est ensuite banalisée : tous les « sommets de la mondialisation » eurent à affronter, dans les années qui suivirent, une pression d'ampleur comparable, même si elle fut généralement moins décisive. Ainsi en fut-il à Prague, en septembre 2000, lors de la tenue de la réunion plénière du FMI, où on compta neuf cents interpellations ; trois mois plus tard, à Nice, se tenait un sommet européen extraordinaire : on releva alors vingt-quatre blessés. Ce fut surtout le cas à Gênes, en juillet 2001, où, à l'occasion de la tenue du G8, on déplora un mort et plus de cinq cents blessés. À Québec, le sommet des Amériques se solda par quatre cents arrestations (avril 2001) ; en mars 2002, 200 000 manifestants défilèrent à Barcelone « pour une autre Europe » ; en janvier 2003, une marche « contre le néolibéralisme » réunit de 70 000 à 140 000 personnes dans les rues de Porto-Alegre ; en juin de la même année, le « contre-sommet d'Évian » organisa une manifestation bloquant spectaculairement le pont de l'Aubonne ; en juillet 2005, on observa une mobilisation d'intensité équivalente dans les rues d'Édimbourg où se réunissait le G8. Il en fut de même pour les G8 suivants, celui d'Heiligendamm, qui suscita en juin 2007 des troubles assez graves pour aboutir à un bilan de mille blessés dans la ville voisine de Rostock, et jusqu'au G7 de Biarritz (août 2019), où on dénombra soixante-huit interpellations, dans une ambiance déjà marquée par les manifestations de Gilets jaunes. Le sommet de l'OTAN à Strasbourg (avril 2009) se solda par un bilan de cent blessés et de trois cent trente interpellations, tandis que celui de Copenhague, consacré au changement climatique (décembre 2009), donna lieu à mille huit cents interpellations... Sans compter les forums sociaux, les sommets des peuples, dont le premier se tint à Cochabamba (Bolivie) en 2010, et les contre-sommets en tous genres, dont celui de

Paris mobilisé en 1995 contre l'Accord multilatéral sur l'investissement (AMI) et qui contribua à l'abandon définitif du projet trois ans plus tard. Ce cloisonnement n'existe plus, qui laissait l'agenda international aux seuls gouvernements. Non seulement l'inter-socialité pèse désormais sur la légitimité des choix internationaux, mais elle les encadre, les structure, parfois les bloque.

La dernière étape de cette transformation des modes internationaux s'est jouée en 2003, à l'occasion de la guerre américaine menée en Irak. À titre de protestation préventive, 12 à 15 millions de manifestants se sont retrouvés dans la rue, partout dans le monde, le 15 février, alors que se déroulait le débat du Conseil de sécurité de l'ONU qui mit les États-Unis en échec. Jamais, sur aucun sujet, tant de monde n'était descendu sur le pavé, nouveau pas franchi vers une inter-socialité encore plus active. George W. Bush ne renonça pas à l'expédition, mais celle-ci fut totalement délégitimée, annonçant l'isolement et l'impuissance croissante de la superpuissance, dont le leadership était de plus en plus rejeté par l'opinion mondiale : dès 2006, 57 % des Européens le jugeaient « non souhaitable », alors qu'ils n'étaient que 31 % avant la guerre d'Irak[7]... L'inter-socialité devenait ainsi un principe actif du jeu international, décidant de son niveau de légitimité, de sa « publicisation », de son agenda, donc de son rythme. Plus encore, elle contribuait à « mettre en scène le pouvoir » international, selon la formule de Georges Balandier[8] : elle réglait désormais la perception qu'on en avait.

On est loin des propos de Hans Morgenthau, qui ne croyait pas au poids de l'opinion publique dans les relations internationales[9]. On a dépassé aussi les premières hypothèses avancées par les tenants de la diplomatie publique, qui concevaient celle-ci comme un instrument mis entre les mains des gouvernants pour faire passer des messages et aménager l'image qu'ils voulaient donner d'eux-mêmes[10]. Le jeu s'est proprement inversé : l'inter-socialité produit certes des messages, mais venant cette fois

7. German Marshall Fund, in *Le Monde*, 10-11 septembre 2006.
8. Balandier, 1992.
9. Morgenthau, 1948, p. 146.
10. Tuch, 1990, p. 3 ; Melissen, 2005, p. 11-12.

de la société, tandis qu'elle contribue à construire des images, non des princes mais des acteurs publics internationaux les plus divers et les plus inattendus. Autrefois, on comptait sur l'« effet CNN » pour vanter, par exemple, les reflets rassurants de la diplomatie humanitaire américaine en Somalie (1992-1993) : aujourd'hui, le même média doit s'attacher à enregistrer et afficher les soubresauts de l'opinion mondiale.

Le tournant de l'année 2019

Avec l'année 2019, on s'installe ouvertement dans une nouvelle routine internationale. Les mouvements sociaux ne couvrent plus seulement de brèves conjonctures, mais s'inscrivent dans la durée et dans le rythme créateur du jeu international. L'année 2011 avait partiellement initié ce processus, de manière encore indécise : les Printemps arabes nous plaçaient déjà face à ces mouvements sociaux sans ossature politique ni organisationnelle, spontanés, issus des réseaux sociaux plus que d'une stratégie hiérarchisée, traduisant l'exaspération de toute une jeunesse peu encline à se reconnaître dans les systèmes politiques en place[11]. Ces mouvements sociaux ont bien sûr pesé sur l'agenda international, à travers la chute de trois dictateurs clés de la région : Ben Ali en Tunisie, Moubarak en Égypte et Kadhafi en Libye. Ils ont enclenché une guerre durable en Libye et en Syrie, et ils ont servi, dans leur version pacifique, sinon de modèle, du moins d'inspiration à des mouvements subséquents, comme celui des *Indignados* en Espagne ou celui d'*Occupy Wall Street*, amorcé le 17 septembre de la même année à New York à l'appel du collectif Anonymous, entraînant ensuite bien d'autres villes du monde.

L'année 2019 présente des caractéristiques autrement plus décisives. Désormais mondial, le mouvement affecte les cinq continents de manière presque simultanée, alors qu'en 2011, il restait principalement ancré dans le monde arabe. Il conjugue de manière affirmée des attentes politiques face à une crise institu-

11. Korany, El-Mahdi, 2012.

tionnelle qui se mondialise, et des attentes sociales liées aux dysfonctions du modèle néolibéral, là où le Printemps arabe se concentrait sur le seul ciblage de régimes autoritaires et faiblement légitimes. Ces mouvements sociaux visent désormais le « système », mot mystérieux, multisectoriel et globalisant, exprimant une contestation généralisée qu'on retrouve autant à Paris qu'à Alger ou à Beyrouth : ils sont ainsi internationaux par les interactions qui les lient, par les convergences qui les réunissent et par les contraintes qu'ils exercent.

Le mouvement s'amorce au Soudan dès décembre 2018. Même si, bien vite, sa mire principale est la figure du dictateur local Omar al-Bechir, la mobilisation trouve son point de départ dans une revendication *sociale*, partie de la ville d'Atbara, au nord de Khartoum, ancien dépôt ferroviaire et berceau réputé du syndicalisme soudanais. Il semblerait que l'allumette qui mit le feu aux poudres dans le pays tout entier ait été allumée, le 13 du même mois, par trois adolescents qui avaient griffonné sur un papier des slogans contre l'augmentation du prix du pain : quelques jours après, ce fut l'insurrection, symbolisée par l'incendie du siège du parti du Congrès national, le cycle répressif qu'il déclencha et la diffusion d'un mouvement anti-Bechir couvrant le pays tout entier[12]. Cette articulation du social, le plus souvent fondateur, et du politique à tonalité « dégagiste » est emblématique : elle lie dans une commune dénonciation les deux pathologies affectant principalement la mondialisation néolibérale, à savoir la dissolution du social et la dérive du politique national.

Cette amorce sociale se retrouve presque partout. Au Chili, le mouvement est lancé le 18 octobre 2019 par une manifestation de lycéens et d'étudiants protestant contre la hausse du prix du ticket de métro, passé de 800 à 830 pesos : huit jours plus tard, on comptait un million de manifestants dans les rues de Santiago, qui élargissaient leurs doléances au système de retraites, au renchérissement du prix de l'électricité, et, plus généralement, à la dénonciation de l'ultralibéralisme dont nous avons vu que le Chili était un des pionniers. De façon significative, le pays figurait alors en troisième position dans le palmarès des inégalités dressé par

12. Lenoir, 2019.

l'OCDE en 2018, avec un indice Gini de 0,46, tandis que 1 % des Chiliens contrôlaient 26,5 % du PIB national[13]. Seule la crise du coronavirus a pu contenir l'extension du mouvement, tout en révélant l'effet de cet ultralibéralisme sur les équipements sanitaires, particulièrement légers au Chili : 2,1 lits pour 1 000 habitants, selon l'OCDE. Très vite, les slogans sociaux (« Démocratie des riches, dictature des pauvres », « Le néolibéralisme est né au Chili et il mourra au Chili ») se mêlèrent aux slogans politiques en faveur d'une nouvelle Constitution. Significativement, les partis sont absents : les manifestants partent seuls, comme au Liban, en Algérie, en Irak ou même en France. Le mouvement perd alors sa cohérence programmatique, combinant tout un ensemble hétéroclite de stigmatisations, allant jusqu'à la dénonciation de l'avortement et instillant parfois des éléments rhétoriques de droite, voire réactionnaires. Là comme ailleurs, les récriminations sociales se mêlent à l'usage de référents identitaires et nationalistes, attestés un peu partout dans le monde par la prolifération des drapeaux nationaux ou régionaux qui tendent à se substituer aux drapeaux uniformément rouges : le temps est bel et bien à une contestation plurale, voire confuse, de la mondialisation qui fédère contre elle des symboles parfois contradictoires et généralement absents des mouvements sociaux traditionnels.

De la même manière, l'augmentation du prix du diesel lança en France le mouvement des Gilets jaunes, tout comme celle du prix de l'essence (de 50 % à 300 % selon le niveau de consommation) jeta dans la rue des centaines de milliers de manifestants dans plus de cent villes iraniennes à partir du 15 novembre 2019. Le prix des carburants fut tout aussi déterminant dans l'explosion sociale en Haïti (6 juillet) et en Équateur (2 octobre), tous deux exposés aux injonctions du FMI, tandis que le renchérissement des prix à la consommation apparut comme facteur enclenchant les mobilisations au Pakistan (27 octobre), en Colombie, où se trouvaient pointées la réforme des retraites et la diminution des salaires, ou encore en Argentine, où l'ultralibéral Mauricio Macri échoua, fin octobre, à obtenir un second mandat présidentiel après avoir rétabli la « vérité des prix », notamment dans le domaine de l'énergie.

---

13. *Les Échos*, 22 octobre 2019.

De façon remarquable, là où les facteurs politiques prédominent, les revendications sociales rejoignent très vite les slogans « dégagistes » ou émancipateurs : en Irak, ce sont les catégories les plus défavorisées qui descendent les premières dans la rue pour réclamer une réforme institutionnelle, notamment les chômeurs diplômés qui manifestent le 27 septembre devant les bureaux du Premier ministre ; au Liban, c'est l'annonce d'une taxe sur l'application Whatsapp qui mit le feu aux poudres ; tandis qu'en Bolivie, la volonté d'Evo Morales d'obtenir un quatrième mandat était d'autant plus contestée que ses soutiens naturels s'effritaient du fait de la forte migration des indigènes vers les villes où ils s'appauvrissaient.

Cette convergence temporelle et thématique est en soi facteur d'internationalisation, plaçant simultanément des gouvernements très différents face aux mêmes enjeux, désignant les mêmes cibles, avec le même langage et les mêmes souffrances mises en exergue. Les mêmes organisations, FMI et Banque Mondiale notamment, sont communément stigmatisées, tandis que certaines manifestations expriment cette cohérence par leur parcours : le 4 octobre 2019, une marée humaine se dirige vers la principale base de l'ONU en Haïti. L'Iran est vilipendé dans les rues de Beyrouth et de Bagdad, tout comme la Syrie de Bachar el-Assad dans les défilés de la métropole libanaise ; les États-Unis sont fustigés en Équateur, alors qu'ils ouvrent une base aux Galapagos dans le prolongement du virage libéral amorcé par le président Lenín Moreno ; de leur côté, les manifestants algériens huent les Émirats arabes unis, rebaptisés « Complots arabes unis », tandis que, dans les cortèges libanais, soudanais, marocains, irakiens, algériens, on conspue le maréchal Sissi et on brandit des drapeaux palestiniens[14]. On notera d'ailleurs que ceux-ci sont presque aussi nombreux dans les cortèges de Gilets jaunes en France. Réciproquement, des drapeaux algériens apparaissent fréquemment dans les manifestations à Beyrouth, à Tunis, à Gaza, mais aussi à Barcelone, à Marseille ou à Paris. Il se crée ainsi, à partir de prémices sociales, une vraie dynamique propageant l'inter-socialité.

---

14. Talon, Kawakibi, 2019.

Dans ce contexte, les mobilisations de nature plus politique convergent aisément avec celles amorcées sur des motivations socio-économiques, à l'exception de Hong-Kong, où la référence à l'économie libérale apparaît comme un moyen de protester contre la tutelle chinoise, principale cible du mouvement. Dans ce second groupe de mobilisation, d'orientation plus spécifiquement politique, le point de ralliement est institutionnel, exprimant la coupure forte avec un système politique tenu pour illégitime, corrompu et oppresseur, se soustrayant par la ruse au suffrage populaire. La pathologie institutionnelle est ainsi la source d'une contestation séparant de façon tout aussi vigoureuse les gouvernés des gouvernants. L'élément catalyseur tient souvent à la tentative abusive du président sortant de demander un nouveau mandat (Bolivie, Guinée, Algérie) ou à la réputation de gouverner « en faveur des plus riches » (France, Argentine, Chili), à la corruption (Liban, Irak) ou aux liens de dépendance à l'égard de l'étranger (Irak, Liban, Équateur, Colombie). L'effet d'internationalisation est direct, ne serait-ce que par l'identité de la cible stigmatisée qui fait entrer ces mobilisations dans le jeu international immédiat. Il peut être remarquablement efficace : la politique iranienne a été davantage déstabilisée par les cortèges qui la dénonçaient à Beyrouth, à Bagdad ou à Nadjaf que par les pressions et les sanctions activées par la superpuissance américaine. On note aussi d'impressionnants effets de ricochet : l'assassinat du général iranien Ghassem Soleimani et de l'Irakien Abou Mehdi al-Mohandis, chef de la milice pro-iranienne Hachd al-Chaabi, par des frappes aériennes américaines, le 3 janvier 2020, projeta dans les rues des centaines de milliers de manifestants anti-américains en Iran et en Irak, mais aussi au Liban, au Pakistan, dans le Cachemire indien, à Gaza, où, partout, la bannière étoilée était rituellement brûlée. Jusqu'à la « marche du million » convoquée le 24 janvier, qui officialisa le ralliement du leader populiste irakien Moqtada al-Sadr, pourtant hostile au régime des ayatollahs. Cette mobilisation retourna ainsi une situation qui était devenue partout défavorable à Téhéran. Mais, en même temps, l'inter-socialité opéra à la manière d'un régulateur : le drame de l'avion ukrainien abattu le 8 janvier par une erreur probable de la défense anti-aérienne iranienne fit repartir le curseur dans l'autre sens, engageant dès le 11 janvier des veillées funèbres, notamment devant l'université Amir Kabir de Téhéran, des campagnes sur les réseaux sociaux et des manifestations un peu partout dans la région, cette fois dirigées contre la République islamique.

La substance même de ces mobilisations rejoint ainsi la nature des pressions qu'elles exercent, pour en faire un élément actif du jeu international, d'autant plus redoutable et déterminant qu'il est incontrôlable, redonnant presque un sens sociologique au vieux concept de souveraineté. Électron libre et puissant de la vie internationale, cette mobilisation bouscule l'agenda international, arbitre même parfois les compétitions intergouvernementales, impose son vocabulaire, comme cette dénonciation récurrente du « système » (*nazm* en arabe), si difficile à définir et encore plus à satisfaire. Plus qu'une demande, le changement de système revendiqué à Alger, à Bagdad, à Beyrouth, mais aussi à Santiago et à Paris révèle une posture de rupture par rapport à un ordre global, questionnant ainsi le jeu mondial.

Au-delà, enfin, il convient de prendre en compte la manière dont réagit le système international à de tels événements. Sa réactivité croissante est en soi un signe qui ne trompe pas. Toutes ces mobilisations sont appropriées par quantité d'acteurs internationaux qui leur sont pourtant extérieurs. Nous avons vu comment le mouvement des Gilets jaunes en France avait été utilisé par la communication politique de Donald Trump, comme il le fut par Luigi Di Maio ou Matteo Salvini, membres du gouvernement italien de l'époque. Il suscita des manifestations de soutien, comme celle organisée, très en amont, devant le consulat de France à New York le 22 décembre 2018. Il fut récupéré par la gauche étatsunienne comme par l'extrême droite anti-migration au Canada. Nicolás Maduro, président du Venezuela, s'est vu offrir un gilet jaune le jour de son investiture pour un second mandat controversé. En retour, le mouvement fit l'objet de débats, suscitant des soutiens au sein de la droite radicale américaine et des réserves au sein de la gauche, à l'instar de la militante démocrate Neera Tanden, qui « ne compren[ait] pas comment des progressistes [pouvaient] applaudir des masses qui protest[aient] contre la taxe carbone »... De même, plus tard, les manifestations de Khartoum, d'Alger et de Santiago firent-elles la une de la presse mondiale et nourrirent – implicitement ou explicitement – les communiqués de nombreuses chancelleries.

Le contraste est fort avec le traitement réservé, en leur temps, aux mobilisations qui ponctuèrent le mouvement de Mai 68 en France. À l'époque, la « prudence » était de mise[15] : on cherchait à éviter la « contagion » et surtout à respecter le vieux principe westphalien de non-ingérence dont chaque État considérait qu'il jouait au bénéfice de tous. Si des manifestations de soutien pointaient ici et là dans différentes sociétés civiles, elles n'étaient prolongées d'aucune prise de position gouvernementale, même et surtout dans le camp d'en face : au contraire, la satisfaction domina lorsque les institutions légales reprirent le dessus, permettant au jeu diplomatique traditionnel de se rétablir. Ainsi, Moscou se garda de condamner la politique gaulliste, Bucarest minimisa les faits, Varsovie fustigea les dirigeants du mouvement, le journal polonais *Trybuna Ludu* affublant même Michel Rocard de l'adjectif de « trotskyste ». C'est plutôt chez les alliés, la Grande-Bretagne en particulier, qu'il faut rechercher quelques ricanements[16]. Le circuit, autrefois impeccablement politique, a muté : il mêle désormais, et sans distinctions, les relations inter-gouvernementales et inter-sociales, les unes alimentant les autres.

Vers une conflictualité inter-sociale

Paix ou guerre : la frontière n'est plus aussi claire que jadis. Le social a envahi le champ de la conflictualité internationale de façon aujourd'hui massive, brouillant le jeu martial traditionnel. Si les guerres interétatiques n'ont pas totalement disparu, elles se font rares, les États étant en fait plus ou moins entraînés dans ces nouvelles confrontations où ils ne tiennent plus le rôle principal. C'est bien, paradoxalement, les dynamiques sociales qui activent désormais la plus grosse part des processus d'internationalisation des conflits. La forte recrudescence des confrontations intra-étatiques, qui dominent largement l'agenda international (Syrie, Libye, Afghanistan, Yémen, Irak, Somalie, Sahel, RDC...), est là

15. Vaïsse, 2008, p. XII.
16. *Ibid.*, p. 71, 72, 86.

pour témoigner que nous sommes sortis de la compétition inter-étatique classique pour déboucher sur un jeu inter-social complexe qui dessine les contours de la nouvelle conflictualité internationale.

La violence qui s'est développée au Sahel, prenant l'apparence d'une vraie guerre aux lendemains de la crise libyenne (amorcée en mars 2011), répond à un jeu interactif composite qui ne correspond nullement à la représentation westphalienne. Ce jeu est principalement endogène, d'origine sociale, et n'a rien à voir avec les « gladiateurs de Hobbes », même s'il est *attisé* par plusieurs stratèges, entrepreneurs de violence divers et nombreux, réseaux de toute sorte, États locaux, en plus des puissances internationales qui viennent s'en mêler. Pas moins de trois *chaînes interactives* agissent de manière cumulée pour produire et entretenir ces conflits : les rivalités intercommunautaires qui se développent sur fond de paupérisation et de précarité des ressources foncières ; le cycle de vengeances nourri par l'absence de société civile et de solidarité horizontale ; le cercle vicieux des déficiences institutionnelles qui place l'État local en position d'accusé et en déficit de confiance. Seule la troisième de ces chaînes a une connotation en partie politique. Le jeu des entrepreneurs de violence est de tirer le maximum de bénéfices de ces logiques interactives qui structurent l'agenda international et tiennent en otage les intervenants extérieurs.

Les rivalités intercommunautaires apparaissent comme la matrice d'origine : elles tirent leur pertinence d'une double cause, l'insécurité alimentaire et la rivalité pour l'usage de la terre, avivée par la désertification foudroyante. La première est une source grave, sinon de radicalisation, du moins de ralliement utilitaire à des entrepreneurs de violence qui savent canaliser l'aide alimentaire. Quant à la seconde, elle est illustrée par des situations qui prolifèrent au Sahel, où les catastrophes écologiques sont particulièrement vives. Au Mali, les Peuls, pasteurs, s'opposent ainsi aux Dogons, cultivant le riz, le sorgho ou le mil, tout en pratiquant aussi l'artisanat. Les premiers sont soumis à une double pression, liée à l'appauvrissement des pâturages, surtout sensible pour l'élevage des chevaux, et à l'arrivée d'autres pasteurs, touaregs ou arabes, venant du nord et singulièrement du Tchad : très anciennement musulmans, historiquement liés, comme nous l'avons vu, au califat de Sokoto, les Peuls sont, pour certains d'entre eux, sensibles à l'appel djihadiste, notamment celui du MUJAO (Mouvement pour l'unicité et le jihad en Afrique de l'Ouest) dont ils espèrent protection. Les seconds, plus récemment et superficiellement islamisés, se replient, en bons sédentaires, sur la défense de leurs villages politiquement très organisés, suscitant progressivement des groupes armés d'autodéfense, tel le Dan Na Ambassagou (« Les chasseurs qui se confient à Dieu »), apparu en 2018, puissamment équipé et armé, probablement en partie lié à l'État malien.

Au Burkina Faso, la violence, croissante dans le nord et dans l'est, dresse les Korumbas, agriculteurs travaillant péniblement sur des terres particulièrement arides, aux mêmes éleveurs peuls. On a déjà vu que ce type de concurrence jouait de manière encore plus complexe au Nigeria, opposant les anciens pêcheurs, privés de leurs ressources par la pollution qui affecte le golfe de Guinée, aux agriculteurs qui subissent cette remontée du peuple de la mer ainsi que les mauvais coups portés à leur sol par l'industrie pétrolière. Plus on se dirige vers le nord, plus apparaît, de surcroît, la pression des éleveurs, toujours à la recherche de pâturages qui se font de plus en plus rares. Dans les régions septentrionales, Boko Haram sait tirer profit de cette aubaine qui fait, plus au sud, la fortune des partis ethnicistes, à l'instar des formations de défense du peuple ogoni, à l'instar du « Mouvement pour l'émancipation du delta du Niger » (MOSOP), puis du « Mouvement pour l'émancipation du delta du Niger » (MEND), plus radical, d'abord dirigé contre les compagnies pétrolières, puis glissant vers la radicalisation ethniciste, présentant les Ogonis comme les premières victimes de la politique menée. À quoi s'ajoutent, partout, les effets d'une paysannerie « dépaysannisée », d'un exode rural qui gonfle les villes et leur périphérie, grossissant la masse des chômeurs qui, à l'image des quelque 400 000 enfants soldats, trouvent un emploi de survie dans la participation à une guerre qui les nourrit, les encadre et leur confère un semblant de statut social.

La deuxième chaîne interactive se trouve dans la pérennisation et l'emblématisation de ces rivalités intercommunautaires qui ouvrent à un cycle de vengeances sans fin : le raid sur un village se prolonge presque mécaniquement par une razzia sur celui de l'agresseur, phénomène remarquable tant au Mali qu'au

Burkina Faso. Au sein du premier, on trouve, hélas, de nombreux exemples de cet enchaînement de massacres : une attaque menée par une milice dogon fit ainsi trente-sept morts peuls à Koulogon le 1er janvier 2019, suivie de représailles déclenchée par un groupe djihadiste contre une base militaire à Dioura faisant vingt-six morts parmi les soldats maliens, enclenchant alors les terribles tueries d'Ogossagou qui laissèrent cent soixante morts sur le terrain, et qui s'accompagnèrent de mutilations et de tortures infligées aux femmes et aux enfants peuls. Au Burkina Faso, deux villages peuls du Yatenga furent attaqués, le 8 mars 2020, en représailles à des attaques djihadistes attribuées à des combattants de cette ethnie. Même observation en avril 2019, où le raid djihadiste contre le bourg d'Arbinda avait été suivi de massacres de nombreux Peuls. Le cycle de vengeances entretient la guerre avec d'autant plus d'efficacité qu'il est rapidement ramené à des oppositions identitaires et religieuses, tout en y associant habilement des cibles étatiques comme l'armée nationale. Autant d'actions qui ouvrent la porte aux entrepreneurs de violence emblématisant pour leur cause les référents ethniques ou le rapport à l'islam. Il s'établit mécaniquement un lien, incontrôlable de l'extérieur, entre la dynamique sociale et la guerre qui s'alimentent mutuellement. L'opération *Serval* menée au Mali par l'armée française en 2013-2014 délogea ainsi de la région des groupes djihadistes, favorisant la dissémination des armes abandonnées. Celles-ci furent alors réutilisées pour assouvir les cycles de vengeances, selon un mode sociologique bien connu qui tend à simplifier et à accuser les oppositions identitaires ou à réveiller les vieilles allégeances conflictuelles.

Mais, plus profondément, cette chaîne interactive se nourrit du « familisme amoral » autrefois décrit par Edward Banfield[17] : dans un contexte de pénurie, les solidarités verticales l'emportent sur la coopération horizontale, chacun donnant la priorité à la satisfaction de ses propres besoins, survalorisant sa propre identité, tenant celle de l'autre pour suspecte, banalisant ainsi les réflexes de guerre. En même temps, un tel jeu déclasse la délinquance, jugée moins coupable et moins menaçante que la rivalité

17. Banfield, 1958.

intercommunautaire, d'autant que le délinquant peut lui-même être de la tribu et soulager celle-ci. La transaction entre structures communautaires et entreprises mafieuses n'est donc pas rare et agit comme effet d'entraînement du cycle conflictuel.

Ce jeu semblerait purement social et d'aspect multiséculaire s'il n'était compliqué par l'intrusion de formes modernes qui viennent l'aggraver. Loin d'être apaisante, l'apparition de l'État est au contraire amplifiante et constitue la troisième chaîne interactive. Par défaut, d'abord : le manque d'institutions légitimes, reconnues par tous, efficaces et opérationnelles, abandonne le traitement des litiges entre les mains des guerriers. Mais il y a plus : armées, polices, administrations deviennent des cibles sur lesquelles se concentrent méfiance, soupçons de corruption et soif de revanche. Le cas de l'armée est remarquable : sous-payée, mal nourrie, sous-équipée, fragilisée par un manque grave de munitions, alourdie d'une pléthore d'officiers plus ou moins formés, elle a tendance à jouer sa survie avant même l'accomplissement de ses fonctions régaliennes. Elle se livre alors à des razzias, parfois même à des raids punitifs comme ceux plusieurs fois opérés dans le Soum burkinabé, éveillant l'hostilité de la population et activant ses réflexes d'autoprotection, voire carrément de vengeance...

La stratégie des entrepreneurs de violence se fait simple : engranger le maximum de provocations pour garder la main sur le mouvement et le conflictualiser autant que possible ; cibler un village dont on sait qu'il a de forts potentiels en matière de représailles ; atteindre directement l'État à travers un raid visant son armée ou des équipements collectifs (Ouagadougou, 15 janvier 2016) ; frapper une puissance étrangère à travers son ambassade (Ouagadougou, action terroriste contre l'ambassade de France, 2 mars 2018). Autant de manières d'enclencher les trois chaînes interactives de violence que nous avons décrites. Dans ce contexte, la population, en état de fragilité, est neutre, cherchant à survivre, acceptant nourriture et protection de la part de ceux qui peuvent les lui fournir : en fait, davantage les formations djihadistes que les autorités officielles. C'est ainsi qu'une guerre se pérennise et que nombreux sont ceux qui considèrent hélas qu'une société guerrière structurée peut leur apporter plus qu'un ordre sociopolitique incertain.

Face à quoi, les remèdes qu'on oppose à ces guerres ont plutôt des effets aggravants. L'intervention militaire venue de l'étranger et, de surcroît, de l'ancienne puissance coloniale active les chaînes d'interactions plus qu'elle ne les apaise. L'usage correctif des méthodes de contre-insurrection, inventées au moment des guerres de décolonisation, n'apporte guère plus de résultats : même si elles ont été conçues pour faire une place au social, elles sont portées par des agents issus d'une culture bien trop éloignée, elles sont affaiblies par un passage uniquement transitoire sur le terrain, et elles ne bénéficient généralement d'aucun prolongement socio-économique sous forme de politiques publiques dont les effets seraient perceptibles par la population.

Bien sûr, selon les conflits, les variantes sont nombreuses. Au Moyen-Orient, autre foyer majeur des formes de nouvelle conflictualité, le rapport à l'État et à ses pratiques autoritaires joue un rôle beaucoup plus central. Ce n'est là pourtant qu'une différence de degré. La matrice sociale reste semblable : mêmes déséquilibres fonciers, économiques et sociaux ; même effort de rencontre avec une population démunie ; même faiblesse réactive en termes de politiques publiques. Le cas syrien est révélateur : entre une sécheresse chronique sensible de 2006 à 2010, une forte poussée démographique et l'absence de politique d'industrialisation, la production agricole a souffert et l'exode rural vers des villes incapables de l'absorber a été source de frustrations et de tensions. La révolte a précisément commencé à Deraa, comme dans les banlieues de Damas et de Homs, et dans les bourgs ruraux de la vallée de l'Oronte, là où toute une jeunesse déruralisée et désœuvrée était mobilisable, alors qu'elle n'a pas percé dans le centre bourgeois de Damas[18].

Sur cette base, les mêmes mécanismes sociaux se retrouvent : une population, comme en Irak ou en Afghanistan, prompte à orienter ses efforts de survie vers les organisations prêtes à la protéger ; des entrepreneurs de violence poursuivant leur stratégie propre en fonction du contexte et faisant du contrôle de la population une priorité. Certes, contrairement à ce qui se produit simultanément au Sahel, les guerres peuvent se dérouler sur un

18. Blanc, 2020, p. 248.

mode plus frontal, comme en Syrie ou en Irak. Elles donnent alors au territoire une valeur stratégique supérieure. Mais, même dans ces deux cas, la défaite territoriale de Daech n'a pas conduit à son éviction sociale ni réellement défait son action qui se redéploie sur un mode plus interne à la société. Pour le reste, on observe les mêmes connexions avec des flux transnationaux de toute sorte, y compris mafieux, la même référence aux symboles identitaires et religieux, le même usage des rivalités intercommunautaires ou interreligieuses. On retrouve enfin la même chaîne interactive liée à l'État, sa fragilité institutionnelle (particulièrement notable en Afghanistan, au Yémen ou en Libye), son manque de légitimité, le même effet pervers de ses initiatives répressives, comme par exemple en Irak où les raids nocturnes menés par l'armée contre les villages soupçonnés d'abriter des combattants djihadistes rapprochent les réseaux combattants de la population civile. On perçoit le même défaut de politique publique efficace et capable de briser le cercle vicieux des frustrations sociales. On constate enfin les mêmes jeux de coalitions internationales, les mêmes appels aux vieilles puissances, les mêmes interventions venues du dehors face à une pathologie pourtant strictement endogène.

***

Cette inter-socialité, issue des mobilisations et des conflits, revêt d'elle-même une dimension internationale qui prend de plus en plus le pas sur le politique, condamné à une posture réactive partout mise en échec. Celle-ci se mêle à une certaine cécité conduisant les princes, locaux ou mondiaux, à épuiser les vieilles recettes westphaliennes même lorsqu'elles n'aboutissent manifestement pas, reproduisant et aggravant ainsi les échecs à l'infini. Entre revanche d'un social maltraité et préfiguration d'un nouvel ordre mondial davantage façonné par sa charpente humaine, les témoins et les commentateurs hésitent. Un point est cependant acquis : face à de telles transformations, face à une telle socialisation de la vie internationale, les réponses anciennes sont devenues contre-productives, et d'autres politiques sont nécessaires.

Troisième partie

Système international ou système « inter-social » ?

Ainsi que nous l'avons vu, la sortie du système westphalien est progressive ; elle est aussi partielle car les États refusent, encore aujourd'hui, d'en admettre l'évidence, du moins dans certains de ses aspects les plus sensibles. On vit donc présentement dans un système double ou « dual », pour reprendre la formule du politiste américain James Rosenau[1], où coexistent pratiques, normes, valeurs et représentations issues de l'ancien monde et des interactions nouvelles, surprenantes, parfois indéchiffrables selon nos anciennes grilles de lecture, débouchant sur des défis nouveaux qu'on ne sait pas traiter, à l'instar de cette fulgurante crise du coronavirus qui s'est abattue sur la planète en 2020, pourtant si banalement symptomatique de la fragilité sociale du nouveau monde globalisé...

Notre jeu international actuel superpose ainsi un système proclamé, mais imaginaire, issu de l'ancien temps, décalé du réel, et un système international nouveau, raccordé aux paramètres de la mondialisation, dont la découverte empirique est d'autant plus douloureuse qu'il est mal connu, mal régulé, redouté dans ses aspects non désirés, et que nul n'a été formé à la connaissance de ses mécanismes. Résultant, au moins en partie, des interactions sociales croissantes telles que nous les avons déjà décrites, ce système inédit implique une nouvelle approche, et surtout l'adoption de nouvelles politiques. Pour progresser dans sa connaissance, il convient de le découvrir d'abord à la faveur des *enjeux* renouvelés qu'il suscite et qui sont en fait plus sociaux que politiques : si le système westphalien a été très tôt identifié à travers les menaces qu'il produisait à l'encontre de la sécurité nationale, le

1. Rosenau, 1990, p. 11.

système mondialisé doit être compris en appréhendant les périls qu'il génère en matière de sécurité globale, faite en grande partie d'inter-socialités (chapitre 7). Ces défis nouveaux modifient le statut et le profil des acteurs mobilisés : si les États ne disparaissent pas, de nombreux acteurs sociaux voient leur rôle international considérablement réévalué, au-delà de la vieille dialectique du diplomate et du soldat (chapitre 8). Enfin, de nouvelles politiques étrangères sont inévitablement en gestation, quittant l'orientation tracée par Hobbes, du moins partiellement, pour faire face aux enjeux propres à ce monde plus inter-social que jamais (chapitre 9).

Chapitre 7

De nouveaux enjeux internationaux : le social avant le politique

La mondialisation abolit le temps et les distances, affaiblissant ainsi le politique qui perd deux des ressources essentielles qui lui permettaient autrefois de contrôler et de contenir les interactions sociales loin des agendas. Celles-ci pèsent donc très lourdement sur le jeu mondial contemporain, dégageant des relations d'incertitude d'autant plus pressantes que le processus qui en dérive est souvent anonyme, dépourvu de stratèges avec qui on pourrait négocier : il est souvent même canalisé par toute une chaîne d'acteurs difficilement intégrables dans un processus de décision. L'État paraît, par défaut, comme un interlocuteur rassurant mais de plus en plus impuissant. Ce nouveau paysage international se trouve davantage gouverné par la pression des comportements sociaux que par le jeu classique des stratégies d'État qui firent jadis les succès de la « géopolitique » et des « *Security Studies* »[1]. Les études de ce type ont progressivement perdu de leur influence, même si elles résistent encore dans certains milieux conservateurs ou dans des cercles gouvernementaux attentifs à pérenniser les anciens modèles sécuritaires. On a même pu assister, dans l'ambiance néoconservatrice de ce début de siècle, à la création de nouveaux instituts relevant de ce sillage, à l'instar du Prague Security Studies Institute, proche de l'OTAN.

En réalité, c'est le sens même du mot « sécurité » qui a profondément changé, renouvelant du même coup la nature des

1. Buzan, 1987.

enjeux internationaux. Cette pression exercée par les comportements sociaux, aptes à pénétrer puissamment sur la scène internationale, rehausse l'importance des besoins sociaux tels qu'ils s'expriment, ainsi que celle de la peur des individus de ne pas pouvoir y répondre. Cette articulation était au centre même de la réflexion menée par le PNUD au cours de la dernière décennie du XXe siècle et qui a abouti au fameux Rapport mondial sur le développement humain de 1994, qui introduisait la notion de « sécurité humaine ». Recentrant l'analyse de la sécurité sur l'humain, sur le social et sur les comportements qui en dérivent, il faisait du non-respect de ces paramètres un germe possible de déstabilisation globale, et de leur traitement une source de paix[2]. Ce rapport a eu ses promoteurs, au Canada (notamment l'ancien ministre des Affaires étrangères Lloyd Axworthy), en Scandinavie, au Japon (comme l'ancienne commissaire des Nations unies pour les réfugiés Sadako Ogata) ; il a été bien reçu par celles des puissances moyennes qui ne misaient déjà plus sur les ressources militaires ; ailleurs, le silence fut au mieux poli... Pourtant, cette sécurité humaine dirigeait vers une autre grammaire quelque peu prophétique, que beaucoup se sont ingéniés à ignorer.

Cette grammaire est nouvelle car elle construit la sécurité de manière *globale* là où les conceptions traditionnelles la décrivaient comme *nationale*, liée au territoire et à l'existence d'un ennemi frontal dont les gains feraient les pertes de l'adversaire : de la notion d'inimitié on passe ainsi à celle, pragmatique et non éthique, d'une humanité qui éprouve des besoins collectifs perpétuellement menacés. Plus encore, on postule désormais qu'en satisfaisant les besoins des autres, chaque acteur renforce les conditions de sa propre sécurité, selon une démarche altruiste ainsi teintée d'égoïsme. Ce calcul inter-social s'installe dans un jeu à somme non nulle : en luttant ailleurs pour soulager une pandémie, je diminue les risques de la voir arriver chez moi...

En outre, la sécurité devient *multisectorielle* là où elle était autrefois militaire ou, du moins, hiérarchisée selon un mode qui plaçait toujours l'acte martial en ultime recours. Ici, les menaces – sanitaires, environnementales, climatiques ou économiques –

2. Commission, 2003 ; Axworthy, 1999 ; Kaldor, 2006.

agissent en interdépendance, conduisant à une politique qui se doit d'intervenir à chacun de ces niveaux par recours à des traitements essentiellement sociaux. En revanche, le traitement militaire n'a plus le même statut. Décalé face à ces insécurités, il n'intervient qu'à la marge, pour gérer des évacuations forcées de population ou pour contenir des menaces physiques collatérales ; centrale et omniprésente dans les guerres d'hier, son intervention se fait plus complexe, y compris dans les nouveaux conflits internationaux, tant ceux-ci sont davantage de nature sociale qu'inspirés par les lois classiques de la stratégie. De même la logique d'alliance qui évoque le paradigme de l'inimitié s'efface-t-elle devant l'exigence de globalité : les blocs perdent leur sens face aux défis de cette nature.

Enfin, la sécurité implique désormais une gestion des *interdépendances* qui contraste avec l'idée classique d'intérêt national. Autrement dit, la prévention suppose une gestion poussée de l'inter-socialité, selon une perspective qui rejoint l'affirmation durkheimienne du besoin de solidarité organique, comme celle, plus keynésienne, de besoin de régulation. Au regard de l'histoire westphalienne, la considération semble utopique, mais elle ne fait que reproduire au plan international le glissement repéré à la fin du XIXe siècle par Durkheim à l'échelle des nations : l'entrée de celles-ci dans la division du travail devait, nous disait-il, s'accompagner d'un aménagement de la solidarité organique entre acteurs sociaux[3]. Ce qui était vrai alors des nations l'est aujourd'hui du monde dans son entier, faisant des interactions sociales croissantes la base d'une gouvernance globale devenue indispensable.

Évidemment, gouvernance ne veut pas dire gouvernement[4]. Elle implique une autre logique coopérative qui est encore peu précise, même si elle n'a plus rien d'utopique, tant elle est déjà active dans bien des secteurs (aviation civile, communication, météorologie...). De même, cette forme nouvelle de sécurité ne chasse pas la notion classique de sécurité nationale, qui reste solidaire de l'existence même des États, dont nul ne saurait prévoir la disparition. Très minoritaires aujourd'hui, les conflits inter-

3. Durkheim, 1973 [1893], chap. VII.
4. Czempiel, Rosenau, 1992.

étatiques n'ont pas totalement disparu. Ce qui, en revanche, est nouveau tient à la *dépendance* dans laquelle se trouvent désormais les vestiges de la sécurité traditionnelle, conditionnée dans sa réalisation par l'effet des paramètres globaux : la sécurité de la partie est de plus en plus fonction de la sécurité du tout. Cette insécabilité de la nouvelle sécurité devient une propriété cruciale, insuffisamment audible face aux conceptions classiques, nationale et militaire, de la défense. Vérifions-le maintenant à travers trois types de sécurité humaine engageant une densité considérable d'interactions sociales : les sécurités alimentaire, sanitaire et environnementale.

LA SÉCURITÉ ALIMENTAIRE OU LES FONDEMENTS SOCIAUX DE LA SURVIE

L'idée a eu du mal à s'imposer. Il fallut attendre le 24 mai 2018 pour que le Conseil de sécurité des Nations unies s'intéressât à l'insécurité alimentaire. Encore que la résolution adoptée (2417) ne condamne que l'« utilisation de la famine comme arme de guerre ». Mourir de faim dans un contexte de paix relative ne relève pas, selon l'illustre instance, de la « sécurité internationale », mais tout simplement de l'agenda du Conseil économique et social, ce mal-aimé des Nations unies : on ne peut mieux afficher son conservatisme en matière sécuritaire ! Et pourtant, tout se joue ici, en amont des conflits déclarés : l'insécurité alimentaire, dans un monde de communication et de visibilité, engendre des sentiments de colère et de frustration, offre une clientèle facile aux entrepreneurs de violence, aggrave les autres insécurités, notamment en matière sanitaire, neutralise les politiques éducatives et surtout conduit à la mort, chaque année, de 6 à 9 millions d'humains, de manière directe ou indirecte.

La sécurité alimentaire désigne solidairement la disponibilité, en quantités suffisantes, d'aliments sains, et la capacité de la population à y accéder selon des moyens acceptables[5]. La FAO a

5. McKeon, 2015 ; Ashley, 2016.

élaboré deux indicateurs permettant de parvenir à son exacte estimation : le PoU (*Prevalence of Undernourrished*), mesure la part de la population qui ne dispose pas de l'alimentation suffisante pour assurer le maintien de ses activités physiques nécessaires ; le FIES (*Food Insecurity Experience Scale*), qui détermine l'échelle de difficultés rencontrées (modérée ou sévère) pour accéder à la nourriture dans les différents pays du monde. Les chiffres qui en ressortent combinent espoirs et inquiétudes : en 2005, on comptait 950 millions de mal nourris sur la planète ; avec la crise de 2008, on a atteint le milliard, pour connaître ensuite un repli significatif (785 millions en 2015), puis, de nouveau, une aggravation pourtant antérieure à la crise de 2020 (821 millions en 2018). La prise en compte de l'accroissement de la population mondiale peut rendre les pourcentages plus rassurants : en 2018, 10,8 % de la population du globe appartenait à cette catégorie, contre 14,5 % en 2005. Mais on comprend mieux l'impact politique du drame quand on prend connaissance de la répartition géographique du phénomène : en 2018, le taux de PoU en Afrique était de 20 % ; il était même de 22,8 % pour l'Afrique sub-saharienne, 26,5 % pour l'Afrique centrale et 30,8 % pour l'Afrique orientale, tout en restant en-dessous de 2,5 % pour l'Europe et l'Amérique du Nord. Solide indicateur d'un point de vue sociologique, le FIES, groupant toutes les échelles de difficulté d'accès à la nourriture, montre quant à lui que 26,4 % de la population mondiale, soit 2 milliards d'humains, éprouvent des difficultés pour se nourrir. La question est ainsi posée : 2 milliards de personnes aux prises avec l'incertitude alimentaire ne sont-elles pas une source permanente d'insécurité pour tous, le facteur premier, plus ou moins caché, d'une déstabilisation globale ?

Creusons davantage : la FAO nous apprend que le PoU augmente avec le ralentissement de la croissance économique, particulièrement dans les pays en développement qui tirent une forte part de leurs revenus de l'exportation de produits de base : quand leurs exportations ralentissent et que les prix s'effondrent, le nombre de mal nourris s'élève. La crise de 2008 avait ainsi aggravé la malnutrition dans cinquante-deux pays appartenant à cette catégorie, conduisant aussi à une diminution des dépenses de santé. Mais, en même temps, on constate que l'impact est d'autant plus fort que les sociétés affectées sont marquées par un taux élevé d'inégalité : le pourcentage d'insécurité alimentaire est multiplié par trois au sein des pays qui appartiennent à la moitié la plus inégalitaire des pays concernés. La menace globale est bien une menace systémique.

On devine dès lors quels sont les facteurs les plus déterminants de la malnutrition : le problème déjà évoqué de la disposition des terres, de l'accès à l'eau (difficile ou impossible pour un milliard d'humains), la désorganisation du marché mondial des produits de base, la volatilité des prix qui y sont pratiqués, les manipulations monétaires opérées au Nord, les subventions abusives, la mise en place d'agricultures d'exportation aux dépens de l'agriculture vivrière, auxquels s'ajoutent donc la structure de la société et la faible capacité institutionnelle à la réformer. Autant de paramètres économiques, sociaux et politiques qui viennent gravement perturber les grands enjeux issus de la mondialisation, et, partant, le système international dans son ensemble. Face à quoi, la réaction internationale est faible : les quelques sommets mondiaux consacrés au sujet ont débouché sur de maigres résultats, à l'instar de l'emblématique sommet tenu à Rome en novembre 1996. Sept engagements furent pris dans la capitale italienne, à un niveau élevé de généralités : rien, en revanche, sur le rôle des multinationales et la nécessité de réguler leur action, ni sur l'organisation des marchés, ni sur l'aménagement du rôle des États, souveraineté oblige...

On approche ici du nerf de l'inter-socialité : tout un système de facteurs économiques, sociaux, culturels et institutionnels génère de l'insécurité humaine et réagit gravement et dangereusement sur le système international. Ces conséquences, au demeurant énormes, peuvent être repérées sur quatre plans différents. D'abord, celui de la violence : l'insécurité alimentaire est *aggravée* par la pression des conflits mais *produit* aussi du conflit, attise les rivalités destinées à gérer la pénurie, fournit des troupes aux entrepreneurs de violence et renforce évidemment les frustrations. Le phénomène est remarquable au Sahel, notamment autour du lac Tchad, victime d'un terrible assèchement, mais aussi dans la région particulièrement déshéritée du Liptako Gourma, où convergent les trois frontières (Mali, Niger, Burkina Faso), tout comme dans le Soum burkinabé : autant de régions intégralement livrées aujourd'hui à la guerre. Le second plan est celui de la délégitimation institutionnelle qui en découle, affectant bien sûr les États locaux dénoncés comme incapables, mais aussi les institutions internationales, et excluant, en fin de compte, des pans entiers de la société du jeu politique régional, national et mondial. Le troisième plan est celui des contradictions qui grèvent l'agenda international, où la question prend un tour dramatique : l'insécurité alimentaire occupe une place de choix dans l'agenda *implicite*, informel, celui qui structure le rythme des drames de la planète, tout en étant presque absente des agendas *officiels* – qui parfois la raccrochent à l'ordre du jour d'un G7, mais de manière cosmétique, sans qu'aucune décision concrète ne s'ensuive. Enfin, dernier plan, cette insécurité recompose la carte du monde, celle de ses inégalités et de ses souffrances qui entrent ainsi dans la banalité des relations internationales. On en est là !

La sécurité sanitaire et la découverte individuelle de la peur et de la souffrance mondiales

Dès le début de l'année 2020, le monde entier découvre brutalement comment les questions sanitaires dépassent, en termes de sécurité mondiale, tous les périls classiques, notamment ceux qu'on avait pris l'habitude de nommer « la menace terroriste ». Ce nouveau défi sanitaire n'a rien d'abstrait, touchant chaque individu dans sa tranquillité et même dans son espoir de survie : une poignée de mains échangée à Wuhan, puis n'importe où dans le monde, est un acte social des plus simples qui risque d'avoir un effet infiniment plus dévastateur qu'un déplacement de troupes, voire une guerre, aussi meurtrière soit-elle. Plus encore, la menace se construit sans stratège qu'on pourrait dissuader ou contraindre à un compromis ; elle ne connaît que des contre-stratégies, d'autant plus hasardeuses qu'elles obéissent le plus souvent à la règle du cavalier seul, sans coordination, sans prise en compte du bien commun défié.

Cette étrangeté a longtemps valu ignorance : les États ont délibérément refusé de faire évoluer leur jurisprudence diplomatique, confinant avec constance les questions sanitaires hors du champ de la sécurité internationale. Leurs représentants au Conseil de sécurité des Nations unies ont constamment renâclé à inscrire, contre toute évidence, les crises de cette nature à l'agenda d'une institution qui ne devait connaître que les questions de grande stratégie, celles relevant d'une vision classique de la guerre et de la paix. Il fallut attendre le 17 juillet 2000 pour que le Conseil abordât pour la première fois une question de santé publique, à travers le dossier du sida (résolution 1308). Il le fit bien tardivement, après que la conférence internationale de Durban lui eut été consacrée au début du même mois. Il s'y attela de manière poussive, devant vaincre les réticences de nombre de délégations, dont celles de la Russie et de la Chine. Il s'y résolut sans conviction de fond, puisque le péril n'était qualifié comme tel qu'au vu des risques qu'il faisait courir « à la stabilité et à la paix », notamment à l'occasion des opérations de maintien de la paix : les États-Unis, à l'origine du texte, craignaient pour leurs propres interventions humanitaires entreprises alors sur le globe... À l'initiative du Gabon, une seconde résolution (1983) fut adoptée, à l'unanimité, le 7 juin 2011, appelant à une « action urgente, globale et coordonnée » qui n'était plus soumise au concept classique de sécurité internationale. Il est vrai qu'entre-temps le sida avait fait 25 millions de morts[6]...

Encore s'agissait-il là d'une menace universelle, susceptible d'effrayer le monde dans son entier. Les crises sanitaires localisées, surtout au Sud, et quelle que fût leur acuité, entraînèrent des réactions bien plus maigres. Alors qu'Ebola était sur la pente des 11 000 morts, frappant trois pays du golfe de Guinée, le Conseil de sécurité finit par adopter la résolution 2177 (18 septembre 2014) appelant à une « aide d'urgence », au « maintien des vols commerciaux » en direction des pays concernés et à la création d'un organisme, la Mission pour l'action d'urgence contre Ebola (UNMEER), dont le responsable s'empressa de déclarer qu'« il faudrait une réponse vingt fois plus forte pour stopper l'épidémie[7] ». Quatre ans plus tard, quand l'épidémie surgit dramatiquement en RDC, le Conseil adopta une seconde résolution (2439, 30 octobre 2018), « déplorant » la situation mais cédant

6. McInnes, Rushton, 2010.
7. un.org.press, 18 septembre 2014.

au vieux réflexe souverainiste pour abandonner l'essentiel entre les mains de l'État congolais pourtant totalement impuissant : « [Le Conseil] *insiste sur le fait* que le Gouvernement congolais et tous les acteurs concernés doivent fournir une aide à la suite de l'épidémie d'Ebola, redoubler d'efforts pour communiquer avec le public et mettre en place les protocoles établis sur les plans sanitaire et de la sécurité et des mesures de prévention afin de démentir toute information erronée et de neutraliser toute panique injustifiée au sujet de la transmission et de l'étendue de l'épidémie parmi les personnes et les populations, et *souligne* qu'il importe de mobiliser davantage les populations en travaillant en étroite collaboration avec les chefs religieux, les groupes de jeunes et de femmes et les familles elles-mêmes, y compris dans le cadre de la reprise de l'action d'aide humanitaire »... Ce déni institutionnel du réel a duré jusqu'en 2020 : même là, il fallut plus de quinze jours de palabres pour que le Conseil vînt à se réunir, le 9 avril, afin de discuter du coronavirus ; il fallut attendre que la présidence mensuelle du Conseil vînt à changer et que le délégué dominicain remplaçât l'ambassadeur chinois, particulièrement réticent. Le résultat fut un simple constat navré.

La gravité de l'insécurité sanitaire mondiale et l'acuité de la menace globale dont elle est porteuse sont pourtant connues de tous, et depuis bien longtemps, à travers ses chiffres comme à travers son extrême mobilité. Il faut dire qu'elle touchait jusque-là surtout le Sud, et particulièrement l'Afrique qu'on tenait pour accoutumée à la souffrance chronique. On oubliait, par exemple, l'effet récurrent et violent des pathologies parasitaires, telles que le paludisme qui, à en croire l'OMS, a frappé en 2016 216 millions de personnes dans le monde, dont 90 % en Afrique, et en a tué 445 000, dont 91 % sur ce même continent. Toutes les deux minutes, un enfant de moins de 5 ans en meurt. Dans son rapport de 2018, l'OMS note que le monde consacre 2,7 milliards d'euros à la lutte contre la maladie, là où 5,7 milliards seraient nécessaires... On sait que le paludisme est essentiellement une maladie touchant les populations en état de grande précarité, aggravant la pauvreté par un effet évident de cercle vicieux puisqu'elle contrarie la croissance des enfants, leur éducation et leur insertion sociale, ralentit les capacités de travail, entrave le développement économique et social du pays, tire l'index de développement humain vers le bas et banalise ainsi, surtout dans les grandes métropoles, les enchaînements catastrophiques de privations et de violences. Maladie oubliée, sauf à l'occasion de brèves excursions touristiques, le paludisme demeure pourtant un paramètre douloureux et majeur des déséquilibres internationaux les plus dangereux.

Sans passer en revue toutes les épidémies virales, le cas de la rougeole mérite une attention particulière. L'OMS a accompli un effort remarquable dans ce domaine en prenant l'initiative d'une vaste campagne de vaccination dans les pays du Sud, dont on a pu établir qu'elle avait probablement sauvé quelque 23 millions de vies depuis le début de ce siècle. Il reste que la couverture vaccinale n'a pas été optimale, 57 % des enfants africains en étant exclus, selon les statistiques datant de 2018, sous l'effet conjugué du coût de l'opération et des préventions culturelles à l'encontre de cette pratique. Même si la mortalité est déclinante sur le long terme, on compte encore 140 000 victimes par an, avec un rebond, depuis 2016, de 240 % en Afrique et de 931 % en Méditerranée orientale, sans compter les effets qu'elle laisse chez les survivants, comme la cécité ou la malnutrition aggravée : le paysage social des pays les plus déshérités en est d'autant plus détérioré.

À ce niveau de l'analyse, deux remarques s'imposent, qui donnent tout leur sens aux logiques d'inter-socialité. D'une part, l'insécurité sanitaire est en interdépendance constante avec les principaux facteurs de déstabilisation internationale : pauvreté, marginalisation des populations, retrait de l'État et surtout toutes les formes de conflictualité. C'est dans les espaces de guerre que les épidémies viennent à se développer avec le plus de facilité, à l'instar de la première épidémie d'Ebola qui a frappé l'Ouest africain sortant à peine des conflits libérien et sierra-léonais (2013-2015) ; de la seconde, qui a affecté le nord-est de la RDC (2018-2020) ; ou du choléra qui s'abattit sévèrement sur le Yémen dès 2016, touchant 540 000 personnes (2 % de la population), dont 2 000 vinrent à décéder. Sans compter les suites des catastrophes naturelles comme le séisme qui frappa Haïti en 2010 et qui fut suivi d'une épidémie de choléra imputée au contingent népalais servant alors sous la bannière onusienne[8]. Dans les

8. Piarroux, 2019.

situations de conflictualité aiguë, le lien se construit dans les deux sens : la précarité suscitée par la guerre accélère l'épidémie, mais celle-ci active la belligérance en s'imposant tour à tour comme élément de chantage dans les négociations, comme instrument de propagande pour les parties en présence et, pire encore, comme cible permettant de populariser davantage la guerre : c'est le cas en Ituri (RDC), où les combattants s'en prennent régulièrement aux antennes de l'OMS soignant des malades atteints par Ebola, aux ONG médicales ou aux convois d'aide humanitaire.

D'autre part, cette crise sanitaire s'insère elle-même dans le jeu international, avec lequel elle interagit. Nous avons vu par exemple qu'elle n'avait pas la même intensité dans un contexte de pauvreté ou de relative richesse ; de même, elle n'a pas le même effet dans une ambiance de faible institutionnalisation ou au contraire de présence active de l'État. Elle reste aussi dépendante de la nature des acteurs impliqués dans les situations de paroxysme : ceux-ci peuvent être des ONG occidentales ou d'inspiration islamiste, mais aussi des partis locaux, à l'instar du Hezbollah qui a mis 1 500 médecins, 3 000 infirmiers et des quantités d'équipements médicaux au service des victimes libanaises du coronavirus. Enfin, l'ensemble du tableau n'est lisible que replacé dans le système économique international tout entier : un rapport coparrainé par Médecins sans frontières (MSF) et Oxfam montre comment le rétrécissement du marché des vaccins, limité à cinq grandes sociétés pharmaceutiques, empêche une diminution des coûts vaccinaux qui deviendrait possible et serait significative et salutaire si ce marché pouvait s'ouvrir aux laboratoires issus des pays émergents. Le GAVI (Alliance pour la vaccination dans les pays pauvres, créée en 2000) déclare ainsi manquer de 40 % des ressources financières nécessaires à une couverture vaccinale universelle qui s'en trouve évidemment freinée[9].

L'interaction entre le sanitaire et le politique est donc puissante, mais elle restait jusqu'à peu souterraine, lointaine, réservée aux plus pauvres : on la percevait comme un aspect marginal d'un jeu international demeurant obsédé par la seule puissance. Tout a évidemment changé avec la crise du coronavirus apparue en 2020,

9. Wilson, 2010, p. 3.

qui a installé l'inter-socialité au cœur de la conscience individuelle de la très grande majorité des humains, riches ou pauvres, du Nord comme du Sud. Jamais probablement l'individu n'en a autant appris sur la nature réelle du système international dans lequel il vivait, jamais il n'a acquis si vite une conscience personnelle du mondial ! La peur l'a rapproché d'un réel qu'il ne voulait pas voir ou qu'il appréhendait de manière déformée : le premier appel au retour du social, accompagnant les grandes mobilisations de l'année 2019, prenait soudain, partout dans le monde, une dimension personnelle et intime.

Cette crise du Covid-19 s'inscrit naturellement dans la dimension la plus sociale de la mondialisation : elle s'est développée sous l'effet de l'abolition de la distance et du temps, sous la pression de l'extrême mobilité des personnes imputable au transport aérien, et au rythme des grands rassemblements que le virus a trouvés comme relais sur son chemin. Cette forme nouvelle et inédite d'agrégation sociale a fabriqué l'agenda international de manière tragique. Qu'on en juge : le virus semble avoir fait son apparition en décembre 2019 sur le marché de fruits de mer de Huanan, dans la ville de Wuhan, et se retrouve le 15 janvier suivant hors de Chine, en Thaïlande, puis deux jours après à Tokyo, la semaine suivante à Seattle, puis en France, en l'espace de quelques heures. Quelques jours plus tard, on le signale en Inde et en Italie, avant qu'il n'atteigne l'Égypte à la fin du même mois. L'accélération est manifeste par rapport aux épidémies d'autrefois qui prenaient la mer pour changer de continent. Elle est remarquable si on la compare même à des manifestations similaires récentes, comme la grippe asiatique qui mit plus de six mois pour arriver en Europe, en 1957, ou celle de Hong-Kong, apparue en 1968 et qui ne frappa le Vieux Continent qu'au cours de l'hiver 1969. De façon significative, le jeu social dépasse désormais la décision et même la parole politique : le 24 janvier, la ministre française de la Santé Agnès Buzyn déclarait encore que le risque d'importation de cas était « pratiquement nul », tandis que l'OMS elle-même attendit le 30 janvier pour déclarer l'« état d'urgence de santé publique de portée internationale ». Le temps social va maintenant plus vite que le temps politique, alors que celui-ci était roi à l'époque westphalienne. C'est d'ailleurs en brisant l'inter-social par un confinement dont la force n'a jamais eu d'égal jusqu'ici que le politique a tenté d'arrêter la pandémie : retrouver ainsi le statique dans un monde d'extrême mobilité...

Ce temps social qui se révèle a son propre générateur, mécanisme complexe, faiblement contrôlable par le pouvoir politique. Il est fait d'abord d'un flux composite de voyageurs liés aux affaires, au tourisme ou à des liens familiaux de plus en plus déterritorialisés. Il est aussi le résultat de mobilisations religieuses dont nous avons déjà vu qu'elles s'imposaient souvent comme succédanés d'une mondialisation mal maîtrisée : on sait l'effet de la semaine de prière organisée par l'Église évangélique « de la porte ouverte chrétienne » à Bourtzwiller, près de Mulhouse, du 17 au 24 février, transformant le département français du Haut-Rhin en foyer épidémique. La même remarque a été faite à propos de l'Église Schinchéon, en Corée du Sud, dont les activités furent corrélées avec un bond impressionnant observé fin février dans ce pays, où l'on passa en l'espace de deux semaines de quelques cas à plus de cinq mille. De même l'épidémie sévère qui frappa l'Iran trouva-t-elle son origine dans la ville sainte de Qom : elle serait imputable, selon les autorités iraniennes, à un commerçant de cette ville qui revenait de Wuhan. Le sanctuaire de Qom abritant les restes de Masoumeh, sœur martyre du huitième imam chiite, où se presse en rangs serrés une foule compacte, offrait au virus un champ tristement idéal de contagiosité. Bien d'autres agrégats sociaux accomplirent la même fonction, à l'instar du carnaval de Gangelt (15 février) à l'origine de la contamination de l'Allemagne, de celui de la Nouvelle-Orléans (25 février) qui joua un rôle important dans le processus étatsunien, ou encore du match de la ligue des champions opposant Bergame à Valence qui fut l'occasion de troisièmes mi-temps festives dans les rues de Milan, réunissant, dit-on, le tiers de la population de Bergame et d'innombrables supporters espagnols : là aussi, le temps politique restait loin derrière.

C'est être en-dessous de la réalité que de présenter cette dynamique sociale comme moteur de l'histoire internationale. Les États ne peuvent que constater, parfois avec difficultés, les conséquences qui en dérivent pour l'agenda mondial. Selon Oxfam, la crise risque de faire basculer plus de 500 millions de personnes sous le seuil de pauvreté des 5,5 dollars par jour, annihilant ainsi dix à trente ans d'efforts de développement politiquement coordonnés, notamment en Afrique et au Moyen-Orient[10]. Le chômage repart à la hausse et le travail des femmes s'en trouve tout particulièrement bousculé, ainsi que tout le secteur informel, véritable poumon de l'économie des pays en voie de développement.

La politique internationale est défiée au plus haut point. Oxfam note ainsi que, pour parer à l'urgence, les pays du G7 devraient instituer un droit de tirages spéciaux de 1 000 milliards de dollars en faveur des pays en développement (à peu près l'équivalent du coût global de la guerre américaine en Irak). De leur côté, les gouvernements des pays du sud de l'Europe misent sur une émission massive de *corona bonds* qui devraient renflouer les économies de l'Union, se heurtant ainsi à l'opposition des États du nord de l'Europe. Troisième front politique, celui du Conseil de sécurité, qui oppose les membres permanents, porteurs de la flamme de la puissance traditionnelle, aux non-permanents : si ces derniers, menés notamment par l'Allemagne et la Tunisie, voulaient déboucher sur un texte engageant directement un plan mondial de lutte contre la pandémie, les membres du P5 choisirent de faire bande à part en produisant un texte minimal affirmant leur soutien à l'appel lancé par le secrétaire général de l'ONU en faveur d'un cessez-le-feu général…

Le politique perd ainsi la main sur l'inter-social, quand celui-ci ne vient pas carrément défier son œuvre. L'une des leçons les plus fortes de cette crise restera en effet la désarticulation entre la puissance et la sécurité sanitaire. Le géant américain n'a disposé d'aucune recette exceptionnelle pour se protéger, tandis que les accents nationalistes de Donald Trump, dans la première phase de la crise, n'ont fait qu'aggraver le retard de la superpuissance dans la mise en place d'une politique efficace de prévention : le modèle schmittien de la stigmatisation de l'ennemi ne paie plus. Plus encore, le virus s'est joué des symboles de puissance, à l'instar du porte-avions à propulsion nucléaire *Theodore Roosevelt* dont une partie de ses quatre mille membres d'équipage furent très tôt contaminés. Ayant alors décidé d'interrompre la mission du bâtiment, le commandant fut limogé mais acclamé par ses hommes,

10. Oxfam, 2020.

tandis que le secrétaire à la Marine crut bon de venir jusqu'à Guam pour invectiver le pacha déchu qu'il traita publiquement de « naïf et stupide », et pour haranguer les troupes qui le conspuèrent – ce qui lui valut, face à un tel échec de puissance, d'être contraint à démissionner à son tour ! L'acte même de puissance s'en trouve mis en cause, conduit à révéler ses contradictions : les sanctions sévères prises par l'administration américaine contre Téhéran affaiblirent ainsi considérablement le système hospitalier iranien, jusqu'à le rendre particulièrement vulnérable à la pandémie dont la République islamique fut une des premières victimes au monde, constituant un foyer grave dont l'irradiation menaça à son tour la totalité de la planète, donc indirectement les États-Unis eux-mêmes. Le ghetto de Gaza, comme la Cisjordanie, sont dans une situation comparable, là où le défaut de médecins, d'équipements médicaux, d'électricité et d'eau potable met la population dans une situation d'extrême vulnérabilité, limitée seulement par l'effet paradoxalement protecteur des politiques d'apartheid[11]... L'inter-socialité ne cesse ainsi de construire des boomerangs politiques, voire des contre-boomerangs, particulièrement redoutables, pour gagner en fin de compte la maîtrise du jeu.

La sécurité environnementale et les effets pervers du court-termisme

La sécurité environnementale relève d'une inter-socialité d'un type voisin mais différent. Des trois insécurités humaines que nous explorons ici, elle est celle dont l'appropriation sociale a été la plus précoce, mais aussi la plus ambiguë. La prise de conscience publique des questions qui en relèvent est apparue au fil des années 1970 : la première conférence mondiale qui lui fut consacrée s'est tenue à Stockholm en 1972 ; en France, le premier ministère explicitement dédié au sujet date de 1971, année de la création de Greenpeace au Canada. Dès avril 1970,

11. C. Mraffko, AFP, 8 avril 2020.

des militants écologistes avaient créé aux États-Unis la « Journée de la Terre », qui reçut immédiatement un écho favorable[12]. L'opinion publique s'est progressivement impliquée, par l'effet éducatif de catastrophes spectaculaires : la première marée noire, celle du *Torrey Canyon*, pollua les côtes de la Manche, côtés britannique et français, dès mars 1967 ; la catastrophe de Seveso intervint en 1976 ; celle de l'*Amoco Cadiz* deux ans plus tard ; celle de Bhopal en 1984 ; et celle de Tchernobyl en avril 1986. La mobilisation politique que toutes ces images inspirèrent prit forme dans un laps de temps très court, probablement plus vite dans la société qu'au sein des chancelleries : alors que René Dumont avait été candidat à l'élection présidentielle française en 1974, au point d'en bousculer le rituel, les premiers partis se réclamant de l'étiquette « verte » apparurent en Allemagne dès 1980 (*Die Grunen*), puis l'année suivante en Suède, en 1983 aux Pays-Bas et au Canada, en 1984 en France et en 1986 en Autriche. Dès 1980, le parti « écolo » se constitue parallèlement en Belgique[13]. Le phénomène est doublement remarquable : d'une part, il vient directement des sociétés, qui produisent un nouveau personnel et bousculent des constructions politiques dénoncées comme désuètes ; d'autre part, il révèle une forte synchronie qui le rend très vite transnational et universel. En 1990, un parti vert est créé en Nouvelle-Zélande, puis, en 1992, en Australie, mais aussi en Angola, en Guinée et au Sénégal, et, trois ans plus tard, en Afrique du Sud, très peu de temps après l'abolition de l'apartheid[14]. L'Asie et l'Amérique latine suivront un peu plus tard, au début des années 2000, tandis qu'une fédération internationale, Les Verts mondiaux, est fondée à Canberra en 2001.

Cette appropriation sociale a incontestablement forcé l'entrée des questions écologiques dans l'agenda international. Qu'il s'agisse de la mobilisation d'ONG spécialisées et fort nombreuses, de campagnes de presse, de l'attractivité des partis verts lors des élections, des engagements personnalisés d'intellectuels ou de vedettes du cinéma ou de la chanson : tout était fait pour

12. Audier, 2019, p. 588.
13. O'Neill, 1997.
14. Reinert, 2011.

encadrer l'action gouvernementale et la pousser aux actions et aux professions de foi apparemment les plus audacieuses. Tout se joue pourtant dans l'ambiguïté liée aux conditions propres à ce mode d'inter-socialité : très performant quand il s'agit de dire ou de rendre publique une nécessité, il est moins armé quand il s'agit de faire et de transformer. L'inter-socialité en matière environnementale s'est en effet constituée en cumulant trois faiblesses : elle s'est construite sur une émotion qui a été très peu individualisée ; elle est associée à la conscience d'un danger et d'une nécessité de réagir qui ont tendance à se caler dans le temps long ; elle a donné lieu à une offre politique qui reste très abstraite et peu mobilisatrice.

Le spectacle terrifiant offert par la pollution des côtes ou par la tragédie de Tchernobyl n'a été vécu de manière individuelle que par une toute petite partie de la population mondiale, contrairement à ce que fut l'impact de la crise du coronavirus. Une horreur intellectuellement suggestive, mais qui reste abstraite et portée par les seules images télévisées, s'estompe vite et ne prédispose pas à un changement drastique et onéreux des comportements sociaux. Il incite le pouvoir politique à dire, mais probablement pas à assumer le coût de ses paroles. Les grandes ruptures qui ont bouleversé les agendas internationaux dérivent toujours de peurs individualisées, qu'il s'agisse de la crise de 1929 ou des deux grandes guerres mondiales.

Contrairement à la crise sanitaire, l'insécurité environnementale n'est pas non plus perçue comme engageant à l'immédiateté : trouver un vaccin ou simplement un lit en réanimation est affaire de survie inscrite dans le très court terme, ne laissant que peu d'échappatoires au pouvoir politique. Une crise écologique érige au contraire l'atermoiement en stratégie électorale payante qui dispense le prince de demander des efforts à assumer dans le court terme pour des résultats tangibles seulement à moyen et long terme, quand il ne sera plus en fonction et que l'électeur sollicité aura même peut-être disparu. L'usage de ce stratagème du sursis est devenu courant, notamment à l'initiative des partis populistes, donnant même dangereusement naissance à un « contre-écologisme » repérable chez Donald Trump ou chez Jair Bolsonaro, relayé aussi par une minorité d'intellectuels qui font grand bruit dans l'espace public.

Du coup, l'offre politique s'en trouve quelque peu défigurée. L'inter-socialité est assez forte pour maintenir la question au centre du débat international, pour qu'une COP se tienne chaque année sur le climat, pour imposer une expertise récurrente sur le sujet, comme ce fut le cas avec la création du GIEC (Groupe d'experts intergouvernemental sur l'évolution du climat) en 1988, sous les auspices de l'Organisation météorologique mondiale et du Programme des Nations unies pour l'environnement (PNUE). Mieux encore, elle a contribué à imposer un nouveau vocabulaire politique, rodé par autant de commissions forgeant de nouveaux concepts, tels que ceux de « responsabilité commune », de « responsabilité différenciée » (entre pays développés et pays en développement), ou de « souveraineté limitée » en matière de ressources, établissant de nouvelles mesures (comme celle de l'« empreinte carbone »), procédant à de nouveaux inventaires amorcés dès la conférence de Rio en 1992[15]. Peut-être a-t-elle pu donner de l'élan à la diplomatie déclaratoire, conduisant les États à édicter des engagements non contraignants, mais soumis précisément au contrôle de l'espace public. En revanche, ce type d'inter-socialité s'est révélé insuffisant pour amorcer une véritable action publique internationale, à l'image de ce qu'aurait pu être une application effective et prolongée du protocole de Kyoto (signé en 1997) en matière de réduction de la production de gaz à effet de serre : celui-ci a pu déclarer une méthode (celle de la responsabilité différenciée) et atteindre de premiers résultats, inférieurs cependant aux engagements pris – mais, surtout, sa reconduction au-delà de 2012 s'est faite sans les États-Unis, le Canada, la Russie, la Chine et le Japon, n'impliquant donc que... 15 % des pollueurs de la planète.

En fait, l'inter-socialité brouille quelque peu le traitement de l'insécurité environnementale. D'abord, en suscitant des comportements contradictoires : le mouvement des Gilets jaunes a trouvé son origine, en France, dans le refus radical opposé à la taxe carbone, tout comme celui des Bonnets rouges avait été initié, en octobre 2013 en Bretagne, pour protester contre la « taxe poids lourd ». La même taxe carbone a été rejetée, en 2015, par 92 %

15. Sygna *et al.*, 2013.

des électeurs suisses, tout comme elle le fut par deux fois par une majorité de votants dans l'État américain de Washington. À mesure que se développait le débat écologique, des lobbies liés aux industries les plus polluantes se sont activés dans leur identité même d'acteurs sociaux : le rôle des grandes compagnies pétrolières américaines a été ainsi pointé par Greenpeace, qui accuse notamment Exxon et Chevron d'avoir investi des dizaines de millions de dollars dans un effort de contre-propagande, rejoints en cela par l'activisme libertarien des frères Koch[16]. De même un front anti-écologique ou climato-sceptique a-t-il pu très tôt se constituer, alors que le déni de réalité serait évidemment plus scabreux à promouvoir dans le domaine sanitaire : Friedrich von Hayek et Milton Friedman en ont été les pionniers, au nom de la *doxa* néolibérale du tout-économique[17] ; ils ont été rejoints par un nombre impressionnant de scientifiques de renom issus de tous horizons, comme l'économiste Gary Becker, le physicien Freeman Dyson, les prix Nobel Ivar Giaever (qui stigmatisa l'apparition d'une « nouvelle religion ») et Kary Mullis (qui croyait voir dans l'écologisme une « atteinte aux libertés individuelles »), sans oublier le climatologue Richard Lindzen (qui parla à son sujet de « panique hystérique »). Dans le sillage de ce débat public, l'essor de la vague populiste et nationaliste a encouragé, notamment en Pologne ou aux États-Unis, la relance de l'exploitation des énergies fossiles, comme le charbon, considéré comme nationalement utile à la croissance économique et à l'emploi. Encore soumise dans l'opinion à des impératifs économiques jugés supérieurs, la question écologique n'a peut-être pas atteint un niveau suffisant d'autonomie pour contraindre les gouvernants à prendre des risques. On reste à une étape plus protestataire que proactive.

***

La construction sociale des enjeux internationaux est donc aussi décisive que complexe. À partir des trois domaines clés que nous venons d'examiner, plusieurs observations méritent d'être

16. *Reporterre*, 19 novembre 2011.
17. Audier, 2019, p. 630 *sq*.

soulignées. Notons, en premier lieu, que cette construction peut être objective ou subjective, c'est-à-dire résulter d'une série d'interactions sociales qui s'imposent d'elles-mêmes et font l'événement, ou dériver de la prise de conscience sociale d'un phénomène physique, conduisant à une montée progressive de la mobilisation avant que n'apparaisse le drame humain qui oblige à l'action. La crise du coronavirus appartient au premier type ; les questions écologiques tendent plutôt vers le second. Le drame, fort périlleux pour l'avenir des relations internationales, est que l'insécurité alimentaire ne mobilise pas suffisamment et ne crée pas non plus d'événements dont l'effet médiatique serait à la hauteur des dangers dont elle est porteuse. Dans ces conditions, le politique ne réagit que mollement. L'inter-socialité conduit alors à une montée, lente ou rapide, vers un état paroxystique qui risque d'être d'autant plus douloureux le jour venu. De même, cette construction sociale peut se réaliser de façon brutale et subite, comme dans le cas d'une crise sanitaire, ou de manière progressive, comme dans le cas du changement climatique : la chance d'inciter à la décision sera plus forte dans le premier cas, moindre dans le second, où elle risque de se limiter à la rhétorique. Enfin, le social ne se construit évidemment jamais de manière uniforme : interactif, il fait toujours place à une pluralité d'intérêts et de visions. Les questions environnementales démobilisent l'opinion publique dès lors que les populations sont directement menacées par la famine ou la guerre : un sondage *My World*, réalisé en 2014 par les Nations unies auprès de 6,5 millions de personnes de tous pays, indiquait ainsi que les questions climatiques apparaissaient au dernier rang des souhaits de changements émis dans les pays du Sud[18]... De telles tensions et de si fortes fluidités sociales deviennent naturellement un instrument de manœuvre pour les acteurs intervenant dans la décision : leur jeu va consister à s'ériger en médiateurs.

18. *UN My World*, 2015.

Chapitre 8

Le nouveau jeu des acteurs internationaux

Naguère, le diplomate et le soldat contrôlaient la quasi-totalité du jeu international au nom du prince. Quelques intrus les rejoignaient en fonction des circonstances et des problèmes, mais leur autonomie restait exceptionnelle ou surveillée[1]. La mondialisation a peu à peu compliqué le modèle d'origine, même si, officiellement, rien ne changeait : aux côtés de l'État s'installaient, de moins en moins discrètement, deux types d'acteurs issus de la société, dont les initiatives annonçaient la montée de nouvelles fonctions internationales. D'une part, des acteurs transnationaux qui s'agrégeaient au marché et s'affranchissaient, dans l'ivresse néolibérale, des vieilles tutelles, engrangeant ainsi les bénéfices d'une intercommunication croissante et des distances déchues. D'autre part, des entrepreneurs identitaires, culturels, religieux, voire ethniques, qui profitaient du relâchement de l'allégeance citoyenne et des inégalités dérivées du marché pour réaliser à leur profit de nouvelles mobilisations nationales et transnationales qui faisaient également fi des frontières, et bouleversaient, directement ou non, la vie internationale.

Avec l'essor présent des inter-socialités, le jeu se complique davantage. D'une part, les acteurs transnationaux se diversifient, certains d'entre eux se libèrent du marché ou, à l'instar de nombreuses ONG, viennent même s'y opposer, voire le combattre, créant ainsi de nouveaux clivages. D'autre part, tous ces acteurs, quels qu'ils soient, sont amenés à réviser leurs stratégies proactives à la baisse, à concéder de plus en plus aux dynamiques sociales,

1. Badie, 2008.

parfois dans un suivisme qui affecte même les États, abandonnant leur rôle ancien de leaders pour s'adapter plus ou moins passivement à la pression des comportements sociaux. D'initiateurs, tous ces acteurs se transforment souvent en de simples médiateurs, tentant de faire de leurs arbitrages au sein de la société la base d'une autonomie et d'un volontarisme de plus en plus modestes. En fait, si on suit notre mémoire westphalienne, ce lent cheminement commence par celui de l'État qui découvre, peu à peu, ses nouveaux rivaux, pour se réinventer de manière sans cesse plus équivoque.

PRÉTENTIONS ET DÉSILLUSIONS DE L'ÉTAT : UNE IDENTITÉ À GÉOMÉTRIE VARIABLE

Lorsqu'au XVIIe siècle, Thomas Hobbes décrivait les traits et les composantes du Léviathan, ancêtre de l'État moderne en passe de s'imposer, sa lecture restait intrinsèquement politique : le souverain protégeait contre les risques d'atteinte à la sécurité physique des personnes, à l'intérieur de chacune des communautés politiques comme au sein de l'arène internationale. Dans les temps qui suivirent, le domaine de l'État n'a cessé de grandir, et son identité s'est progressivement modifiée, ouvrant à un temps long d'instabilité stratégique dont les fluctuations pèsent encore sur la nature même de son action internationale et de son rapport à l'inter-socialité. Dans un premier mouvement, l'État a pu très vite inscrire la sécurité économique parmi ses prétentions officielles, débordant déjà hors de l'espace spécifiquement politique. Avant même Westphalie et Hobbes, les monarchies européennes cherchaient à se consolider en construisant une économie nationale, à l'instar de Richelieu qui lança les premières compagnies coloniales afin d'annexer à la puissance de l'État les bénéfices des premières expansions maritimes. Le mercantilisme s'affina dans ce sillage, liant intimement la compétition politique à la concurrence économique, appuyant la capacité des États sur l'accumulation de métaux précieux, gage de l'épanouissement d'un commerce actif et prospère[2]. Sa variante française, promue

2. Ekelund, Tollison, 1997.

par Colbert, valorise les exportations, soutient les manufactures, stimule les commandes publiques. En Angleterre et dans les Provinces-Unies, l'action internationale est construite sur l'essor des exportations, encouragées par le pouvoir politique, tandis que le caméralisme allemand trace déjà les contours d'une puissance internationale reposant sur l'aptitude à orchestrer la prospérité économique intérieure et à la raccorder au commerce mondial : une culture durable est tracée, avec ses variantes nationales, tandis que l'espace économique est partout placé sous une subtile tutelle du politique qui cherche en même temps à franchir les frontières et, le cas échéant, à les protéger. Mercantilisme, protectionnisme, commercialisme : l'État, à son origine, était loin d'être chétif, mais encadrait déjà, dès qu'il le pouvait, les flux sociaux mondiaux...

La panoplie est complétée, dès la seconde moitié du XIXe siècle, par l'annexion progressive de la protection sociale qui agrandit encore l'espace de la tutelle étatique. Sous l'ombre de Bismarck comme de la République française dite des « opportunistes », se dessine peu à peu un « État-providence » qui prétend ne plus rien laisser à l'extérieur de son champ : si le politique reste différencié de la société civile, il parle désormais *au nom* de la société toute entière dont il protège les droits. Dès la fin du XIXe siècle, la plupart des États européens (à l'exception notable de la Russie) portent l'embryon d'un droit du travail sur la scène internationale, débattant, lors de la conférence de Berlin (1890), du travail dominical, du travail des femmes ou des enfants. En avril 1919 est créée, dans ce sillage, l'Organisation internationale du travail (OIT). Deux particularités cependant : on y parlera de « recommandations » plus que de production normative internationale ; surtout, on associe les partenaires sociaux à la négociation diplomatique. Le monopole international assumé par l'État se lézarde déjà, jusqu'à dessiner les débuts d'un espace social d'autonomie : la pression était trop lourde pour tout assurer à soi seul.

Dès lors, tout va se jouer en face, dans la gestion de cet espace d'autonomie sociale dont l'extension ne va cesser de fluctuer. Le renforcement continu du mouvement ouvrier a d'abord assuré la présence croissante de celui-ci dans un système international qui doit compter avec lui. Certes, son intégration dans le jeu d'affrontement des blocs au cours de la guerre froide bloquera sa construction en entité pleinement autonome sur le plan international, comme le montre l'exemple de la CGT française et de son engagement contre le plan Marshall ou l'arme nucléaire[3]. Au sortir de cette conjoncture quasi martiale, le jeu d'acteurs se brouille même quelque peu : la fin des Trente Glorieuses, correspondant aussi au début de la détente et à la montée de la première grande crise économique d'après-guerre, marque l'apogée des ambitions nourries par les États occidentaux. Ceux-ci tentent alors de reprendre la main sur le social, en associant, voire en intégrant partiellement, les partenaires sociaux. C'est l'amorce de ce que plusieurs auteurs ont étudié sous le vocable de « néocorporatisme[4] ».

Ce concept décrit ce qui apparaissait, dans le courant des années 1970, comme une mutation forte des États démocratiques, affectant notamment leur rapport aux acteurs sociaux. Il met en lumière une progressive organisation des intérêts économiques et sociaux autour de l'État qui s'efforce d'en assurer la gestion en coopération avec les syndicats, les associations et les groupes d'intérêt. Ceux-ci se voient reconnaître par les pouvoirs publics un droit, plus ou moins formalisé, à représenter les éléments actifs de la société, à être associés à la prise de décision les concernant et à bénéficier du concours étatique pour répondre aux attentes sociales : en échange, ils s'engagent à maintenir, autant que faire se peut, la paix sociale. Cette orientation nouvelle ouvre une séquence inédite dans l'histoire du capitalisme ; elle bouscule la vieille tradition de différenciation du politique et de la société civile et réaménage la démocratie, puisqu'elle introduit, à côté de la représentation politique classique, une représentation de type fonctionnel. Elle renforce même quelque peu l'intégration sociale, notamment celle des classes défavorisées.

Les pays dotés d'une culture étatique marquée ont certes quelque peu résisté à cette nouvelle pratique, à l'instar de la France qui y a eu cependant recours dans certains domaines, tels l'agriculture ou l'éducation ; les pays de l'Europe du Nord en ont fait au contraire un large usage. Aménagement essentiellement interne au jeu politique national, cette surévaluation passagère de l'État a eu inévitablement des effets internationaux : elle a relancé le

3. Bressol *et al.*, 2005.
4. Schmitter, 1974 ; Schmitter, Lehmbruch, 1979.

travail d'encadrement politique des acteurs économiques et sociaux sur le plan international, elle a tenté de mettre sur pied une sorte de solidarité sociopolitique faisant front commun dans l'espace mondial, elle a retenu les allégeances citoyennes qui tendaient à se dissoudre dans l'espace mondial, elle a permis à l'État de continuer à parler au nom de tous sur la scène internationale. Elle a timidement annoncé ce qui aurait pu être un début d'encadrement de la mondialisation. Ella a même pesé durablement sur l'orientation prise par l'action internationale de l'Allemagne ou du Japon...

Cette nouvelle incarnation de l'État a été néanmoins fugace et s'est en partie éteinte avec l'arrivée en force du néolibéralisme dans les années 1980. Elle a cependant marqué son temps, consacré un certain apogée de l'institution étatique, devenue très présente dans la société, avec des compétences de plus en plus diversifiées. Cette séquence a conjoncturellement bénéficié à la social-démocratie, évidemment mieux placée et davantage crédible pour incarner cette articulation[5]. Et en effet, les formations travaillistes et sociales-démocrates étaient au pouvoir presque partout dans cette Europe de la post-guerre froide : en Allemagne, sous la houlette de Willy Brandt, puis d'Helmut Schmidt (1969-1982), en Grande-Bretagne, avec Harold Wilson, puis James Callaghan (1974-1979), en Autriche (1970-1986), aux Pays-Bas (1973-1977), en Suède (jusqu'en 1976), en Norvège (1973-1981), au Danemark (1971-1982, avec une interruption de deux ans), en Finlande (1972-1984, avec également deux années de coupure).

Ce temps d'hétéronomie du social n'a que peu touché l'Europe du Sud, comme le néocorporatisme d'ailleurs. La gauche s'y est également imposée, mais en différé (en France en 1981, en Espagne en 1982, en Italie en 1987, mais de façon plus brève), à un moment où le néolibéralisme triomphait déjà un peu partout au Nord, entravant cette expérience de coopération modérée entre le politique et le social. Cette nouvelle étape, qu'on peut qualifier de « thatchérienne » dans sa forme la plus élaborée, a une nouvelle fois détaché l'État du social, accrédité l'idée d'un État minimal, abandonné au marché la part essentielle du jeu, sur le plan

5. Jessop, 1979.

national et mondial. Il est d'ailleurs remarquable que la dame de fer ait gagné sa réputation d'intransigeance en cassant avec violence une grève des mineurs qui avait duré presque un an (12 mars 1984-3 mars 1985), et qu'elle ait dû quitter le pouvoir principalement sous la pression de mouvements sociaux suscités par sa *poll tax*, jugée particulièrement inégalitaire. L'héroïne de l'histoire n'a d'ailleurs jamais caché qu'elle plaçait résolument son action sous les auspices de Friedrich von Hayek.

Au-delà du seul exemple britannique qui reste emblématique, une nouvelle période s'ouvre pour l'État, devenu ou redevenu, un peu partout, un acteur comme les autres sur une scène internationale nouvelle, glissant alors vers la post-bipolarité. Dans ce nouveau contexte, la social-démocratie fait elle-même sa mue, se « libéralise », à l'instar du Labour Party avec Tony Blair, des réformes menées en Allemagne par Gerhard Schröder dans le cadre de l'« Agenda 2010 », ou de celles introduites plus timidement en France par François Hollande : on parle, ici et là, de diminution des aides de l'État, de flexibilité du travail, de fluidité accrue des capitaux, bref d'entrée dans la mondialisation en épousant ses contours néolibéraux, le tout agrémenté d'une distanciation accrue par rapport aux acteurs sociaux... Dans cette ambiance libérale triomphante, les acteurs économiques s'affirment plus autonomes et puissants que jamais, tandis que les acteurs associatifs et communautaires se reconvertissent, s'activent, se saisissent de l'aubaine pour jouer de plus en plus leur propre carte contestataire : l'État, un moment requinqué, se reconstruit comme acteur banal et redescend dans l'arène sans privilège particulier. Il devient mécaniquement l'otage de la globalisation financière qui invalide ou paralyse les circuits nationaux d'élaboration de la politique économique[6]. On parle même, à son sujet, de *market state* qui « se préoccupe davantage de l'accès au bienfait du marché qu'à l'offre de protection sociale[7] ». L'État de Hobbes est pris dans un impossible dilemme : peser sur le marché en agissant sur la scène économique mondiale, au risque d'être dépourvu de moyens décisifs, ou rester hors de celle-ci, au prix de n'être plus

6. Cerny, 1990.
7. Monk, 2009, p. 1.

qu'un spectateur passif. Face à ce retrait, tous les fils de l'inter-socialité sont dès lors reconstitués, dans l'action ou la contestation, mettant en échec des États qui, pour beaucoup, avaient décidé d'eux-mêmes d'être plus petits et plus modestes et qui, pour d'autres, mesuraient leur impuissance accrue.

L'ASCENSION DES « TYRANS PRIVÉS »

Cette identité fluctuante de l'État réagit sur les autres acteurs internationaux en modulant l'intensité et la vigueur de leur autonomie au sein de l'espace mondial. De tous, les acteurs économiques ont la plus grande expérience en la matière : présents et actifs dès l'émergence d'un capitalisme mondial datant de la Renaissance, ils ont connu des fortunes diverses face aux prétentions changeantes de la tutelle étatique. Dans le temps présent, la mondialisation néolibérale a suscité différentes figures, décrivant chacune à sa manière les parts d'autonomie effectivement gagnées par les acteurs économiques : chacune d'entre elles s'est révélée porteuse d'un mode particulier d'inter-socialité.

L'*autonomie normative*, en tout premier lieu, est loin d'être négligeable, puisque la fonction qui lui est associée définit les règles et les principes auxquels doivent se conformer industriels et commerçants pour que leur production puisse librement circuler. Cette charge, évidemment fondamentale, a été confiée à une organisation internationale non gouvernementale nommée ISO (*International Organization for Standardization*), créée en 1947 et réunissant non pas des États mais des organisations nationales constituées pour traiter de la normalisation dans chaque pays. Celles-ci sont composées d'entreprises adhérentes : ainsi, l'organisation française, l'AFNOR (Association française de normalisation), est-elle formée de deux mille cinq cents entreprises hexagonales. La même remarque vaudrait à propos des normes comptables : celles-ci sont définies, depuis 2005, par les IFRS (*International Financial Reporting Standards*) qui régissent les activités des sociétés cotées sur le marché européen, mais vers lesquelles convergent la plupart des autres systèmes normatifs, y compris chinois et américain. Ces normes sont elles-mêmes définies par l'IASB (*International Accounting Standards Board*) dans lequel dominent les grands cabinets transnationaux, tels Ernest & Young ou KPMG.

Cette tendance est hautement révélatrice quand on prend en compte les agences de notation financière, telles Standard & Poor's, Moody's ou Fitch Ratings (les « *big three* »), conférant à des acteurs privés un pouvoir d'évaluation des capacités publiques, conditionnant notamment les facultés d'emprunt des États sur le marché financier mondial. Ajoutons le pouvoir normatif indirect qui permet aux firmes les plus puissantes d'inspirer l'édiction des normes en matière de propriété intellectuelle, à l'instar de ces douze entreprises américaines qui ont pesé sur les accords ADPIC (Aspects des droits de propriété intellectuelle qui touchent au commerce), notamment en matières pharmaceutique et informatique, jusqu'à bloquer la circulation de médicaments génériques moins chers fabriqués dans les pays émergents. Rappelons, enfin, que le CIRDI (Centre international pour le règlement des différends relatifs aux investissements) reconnaît aux entreprises, depuis la convention de Washington (mars 1965), un statut égal à celui des États en cas de litige les opposant : une compagnie commercialisant le tabac a pu ainsi faire condamner l'État uruguayen à lui verser une amende pour avoir pris une loi interdisant de fumer dans l'espace public !

L'*autonomie régulatrice* est également fort sensible, puisqu'elle permet à des acteurs privés ou mixtes de se substituer aux acteurs publics pour réguler certains secteurs de la vie économique internationale, notamment dans les situations de crise. Créé en 1974, le Comité de Bâle est ainsi composé de la réunion des gouverneurs des banques centrales du G10, auxquels est notamment abandonnée la charge de la régulation financière internationale et de la définition des bonnes pratiques bancaires. On sait que les banques centrales sont elles-mêmes, totalement (à l'instar de la Banque centrale européenne) ou partiellement, indépendantes des États. Les accords qui ont été conclus au sein du comité (désignés Bâle I, Bâle II ou Bâle III) assurent une sorte d'autogestion du risque bancaire qui laisse peu d'espace de manœuvre aux États : les opérateurs financiers se surveillent eux-mêmes, selon une procédure que les États ne pourront que difficilement remettre en cause à l'avenir.

L'*autonomie stratégique* découle en partie des deux premières, conférant aux entreprises privées une autonomie de choix dans la conduite de leurs activités sur la scène mondiale. Noam Chomsky note avec pertinence que cette autonomie est d'autant plus forte que la firme est surdimensionnée, hiérarchisée, et qu'elle relève d'un mode de fonctionnement non démocratique : voilà qui l'amène à parler, à leur propos, de « tyrannie privée[8] ». Le surdimensionnement tient bien sûr à l'extension multinationale de l'entreprise, particulièrement galvanisée par la division internationale du travail, et à la multi-localisation qui s'est ensuivie. Il tient aussi, de manière plus informelle, à l'essor plus récent de « firmes-réseaux », liées entre elles par une répartition contractuelle des tâches en amont comme en aval de la production, conférant à la plus puissante d'entre elles un sur-pouvoir remarquable.

Il est évident que cette autonomie, quelle qu'en soit la nature, dépend aussi de la volonté et surtout de la capacité de l'État qui lui fait face. L'une et l'autre ont été très tôt laminées par l'aubaine que la mondialisation offrait aux entreprises, de plus en plus capables d'exercer une pression efficace sur les pouvoirs publics, les menaçant de délocalisation si les charges fiscales ou sociales étaient trop fortes ou si la législation sociale était jugée trop contraignante : le processus a été banalisé à un point que l'inter-socialité mécanique s'est vite révélée plus déterminante que l'édiction de normes par l'autorité publique. On imagine ce qu'il en est si, face à l'entreprise, se trouve un État faible, comme c'est souvent le cas dans les pays du Sud : l'entreprise s'exempte d'elle-même du respect d'une part importante des réglementations publiques, allant souvent, à l'instar des compagnies pétrolières en Afrique, jusqu'à isoler son espace propre de fonctionnement, érigeant celui-ci en micro-territoire souverain, avec ses milices de sécurité, ses infrastructures, ses écoles, ses équipements sociaux, voire ses propres « citoyens » devant faire allégeance à ses normes.

Sur le plan économique, la contribution de ces firmes au budget des États d'accueil est minime : on évalue entre 5 % et 6 % du budget de l'État nigérien la contribution fiscale apportée par les

8. Chomsky, 2005.

entreprises d'exploitation de l'uranium sur son sol, ce qui représente un gain inférieur à 1 % du PIB national, maintenant l'indice de développement humain du pays à un des niveaux les plus bas du monde[9]. L'essentiel des profits est réinjecté dans les circuits internationaux et ne bénéficie donc pas au pays hôte. Un peu partout en Afrique, ces mêmes firmes restructurent le paysage social en fonction de leurs propres besoins, absorbant l'épargne locale, créant artificiellement des modèles de consommation inadaptés, triant dans la population les secteurs avec lesquels elle entend travailler, à l'instar des entreprises pétrolières au Nigeria, distinguant entre les « *oil-producing* » et les « *non-oil-producing communities* », jusqu'à exacerber les tensions ethniques[10].

L'inter-socialité ne se limite pas à cette restructuration sociale : les interactions entre la plupart de ces firmes et l'environnement local sont multiples et complexes. Elles incluent d'abord tout un ensemble d'échanges et de transactions avec le pouvoir local, faits de corruption, de pressions ou de « suggestions », empruntant des circuits qui se pérennisent évidemment hors de tout rail diplomatique. On sait qu'elles peuvent aussi aller jusqu'à œuvrer à la chute d'un régime qui ne plaît pas, comme Salvador Allende en fit les frais dans les dernières années de sa présidence, ainsi qu'en attestent par exemple le plan élaboré par la multinationale américaine ITT (*International Telephone and Telegraph*) pour renverser le président chilien, et plus généralement la lente montée des tensions entre l'État chilien et les multinationales exploitant les mines de cuivre[11].

Ce n'est nullement une histoire révolue : Youssoufou Daouda a étudié avec précision l'insertion progressive d'Areva dans le conflit sahélien. Il montre comment la multinationale française a été peu à peu la cible de la rébellion armée du Mouvement nigérien pour la justice (MNJ, créé en 2007), qui comprit vite le parti évident qu'il pouvait tirer en dénonçant ce « néocolonialisme nucléaire », sa politique de discrimination à l'embauche, son rapport à la population locale, les préjudices portés à l'élevage

9. Daouda, 2014, § 21.
10. Renouard, 2008, § 42.
11. Moran, 1974.

et son désintérêt pour le développement local, tandis que, de son côté, le gouvernement de Niamey soupçonnait des initiatives de soutien discret de la compagnie aux insurgés[12]. Au-delà de choix stratégiques qui restent hypothétiques, il est tout simplement clair qu'un acteur économique de cette ampleur est inévitablement conduit à se retrouver acteur dans le maillage d'une conflictualité dont on a déjà vu qu'elle était inscrite au cœur des dynamiques sociales sahéliennes. Cette inter-socialité mécanique en dit plus que toute relation diplomatique traditionnelle : elle construit les relations internationales au quotidien.

N'oublions pas enfin, dans un tout autre registre, le rôle des acteurs économiques déviants et mafieux qui cumulent, à leur profit et à celui de leurs « alliés », un chiffre d'affaires qui dépasse même celui de l'économie des carburants ! D'autant plus qu'ils s'inscrivent totalement dans le jeu d'inter-socialité : d'abord, parce qu'ils restent connectés, comme nous l'avons vu, avec bon nombre d'acteurs internationaux quels qu'ils soient ; ensuite, parce qu'ils sont mécaniquement attirés dans tous les événements internationaux, commerciaux ou conflictuels, qu'ils contribuent fortement à remodeler en fonction de leurs intérêts et des opportunités d'acheminement de leurs produits[13].

Une nouvelle bourgeoisie internationale

À mesure que se construit la mondialisation, les acteurs transnationaux tendent aussi à se diversifier, dans leur identité, leurs objectifs et leurs pratiques. Contrairement à une idée reçue, la construction d'un monde global ne se concentre pas autour du fonctionnement du marché, mais s'accomplit aussi autour d'un vaste débat public qui se met peu à peu en place, transgressant les frontières, s'appuyant sur l'essor de la communication et de la circulation des personnes, et favorisant, entre autres, la promotion d'une conception alternative, en vue de critiquer, combattre,

12. Daouda, 2014, § 25.
13. Naím, 2012.

amender ou transformer le nouvel ordre international qui se met en place. Le divorce par rapport aux acteurs économiques est clair : les promoteurs de ce débat ne sont pas animés par des objectifs liés au profit, mais se mobilisent au contraire autour de buts non lucratifs. Le contraste est suffisamment fort pour entraîner une scission au sein de ce jeu d'acteurs, source d'un antagonisme nouveau. La formidable ascension des ONG, dès les années 1960, est là pour en témoigner. Une dizaine d'entre elles étaient reconnues par les Nations unies en 1945, bénéficiant d'un statut consultatif auprès du Conseil économique et social : elles étaient plus de cinq mille en 2019[14].

Le calendrier n'est pas anodin : dès 1960, le monde commence à changer, la partie la plus dure de la guerre froide tend à être surmontée et l'économie mondiale est en pleine ascension. Amnesty International est lancée en 1960, WWF naît en 1961, tandis que, la même année, la conférence des évêques de France crée le Comité catholique contre la faim (CCF, qui va bientôt devenir CCFD). Greenpeace apparaît en 1971, la même année que MSF qui venait d'expérimenter, avec la guerre du Biafra, les nouvelles formes de conflictualité. Human Rights Watch trouve sa première incarnation en 1978, avec la constitution d'Helsinki Watch, chargé d'observer le suivi des accords du même nom. Oxfam est opérationnel un peu plus tard, en 1988, et ATTAC (Association pour la taxation des transactions et l'aide aux citoyens) fait écho, en entrant en scène en 1998, aux mouvements de contestation qui dénonçaient alors la mondialisation néolibérale. Depuis 1960, le nombre d'ONG a été multiplié par dix dans le monde. Tous les aspects de la mondialisation sont ciblés par cette prolifération : l'humanitaire, les droits humains, l'économique, le développement, la sécurité humaine, la protection de la planète. Tous les modes sont sollicités : assistance, contributions financières, enquêtes, défense des causes nouvelles ou moins récentes mais toujours associées à la mondialité, popularisation de nouveaux enjeux, parfois même concours à de nouvelles productions normatives. Toutes les options pratiques sont ouvertes, de la dénonciation d'abus ciblés à la proposition militante de politiques

14. Weiss, Gordenker, 1996 ; Potter, 2006 ; De Mars, Dijkzeul, 2015.

de substitution. Pour ce faire, les ONG se mondialisent : Amnesty International est implantée dans cent soixante-deux pays, Human Rights Watch et Oxfam dans quatre-vingt-dix, Transparency International dans soixante-dix-sept... Un nouveau pôle d'inter-socialité est né.

L'ampleur et la diversité des tâches accomplies évoquent l'analyse que le philosophe allemand Jurgen Habermas consacrait à la naissance d'un espace public au sein des nations européennes s'épanouissant au XVIIIe siècle. Il notait que celles-ci s'éveillaient alors sous l'effet du débat qui livrait au jugement de l'opinion tout un ensemble de questions afférentes à la cité, strictement réservées jusque-là au bon vouloir du prince[15]. Les mêmes causes produisent aujourd'hui les mêmes effets, mais cette fois au niveau mondial. L'essor des communications qui affectait jadis l'espace national touche maintenant, avec la même efficacité, l'espace mondial. Il suscite de nombreux thèmes de débat transversaux, sur le capitalisme international, les droits humains, les menaces globales, la violence transnationale. Ce débat, porté jadis par la bourgeoisie qui se manifestait dans les cafés, les salons littéraires, au théâtre, dans la presse naissante ou dans la littérature, est activé de nos jours par ces ONG actives, avides de « publicisation » de faits cachés, de campagnes nouvelles, de dénonciations d'abus ou de stigmatisations de régimes suspects. Le libelle d'autrefois laisse la place à internet, aux mobilisations de masses, aux campagnes de pétitions, aux interventions sur les médias transnationaux, CNN, BBC World et bien d'autres. On estime l'audience quotidienne de la chaîne d'Atlanta à 180 millions de foyers : près de 500 millions de personnes sont donc touchées quotidiennement, directement ou indirectement. Rappelons qu'on compte autour de 4,5 milliards d'internautes, de plus en plus dispersés sur la planète entière, et 250 millions de visiteurs quotidiens de Facebook, dont la création, à Harvard, en 2004, a été ensuite galvanisée dans le contexte de la crise amorcée en 2007. Autant d'interactions sociales mondiales, largement (et non entièrement) indépendantes des États.

On pense rarement à cette face peut-être cachée de la mondialisation qu'on se plaît à limiter au seul marché : elle est pourtant

---

15. Habermas, 1975.

de plus en plus active, déterminante, constitutive de milliards d'échanges quotidiens, formant l'opinion qui nourrit, de surcroît, une confiance élevée à l'égard des ONG, popularisant la critique et acheminant les attentes comme les pressions. Cet espace public vivant pèse sur les acteurs économiques, pointant leurs abus, comme sur chacun des systèmes politiques ; il oriente l'attention vers les dictatures, informe sur les conflits oubliés, dénonce les scandales dissimulés, les arrestations arbitraires, les catastrophes écologiques occultées, les périls sanitaires ou alimentaires. Autant d'actes précieux car ils complètent ou équilibrent utilement la relation interétatique qui a souvent pour principe ou pour obligation de taire ces écarts afin de rester dans la norme du jeu westphalien. Ce silence aujourd'hui est surmonté par une inter-socialité très productive.

LES ESPACES LIBRES DE L'ENTREPRENEUR IDENTITAIRE

Le propre d'un entrepreneur identitaire, quant à lui, est d'offrir une identité aux différents acteurs sociaux individuels ou collectifs. Cette identité permet à chacun de se définir par rapport à l'autre, de concevoir la frontière qui le sépare de ce qui lui est extérieur. Autant dire qu'il s'agit là d'une fonction indispensable et qui est généralement accomplie sans difficultés ni tensions, dès lors que l'allégeance des individus est stable et n'est soumise à aucune contestation. Tel est le cas des sociétés traditionnelles de nature communautaire, mais tel devrait être aussi le propre des systèmes westphaliens, dans lesquels l'allégeance à l'État comme autorité et à la nation comme communauté est tenue pour prioritaire et hiérarchiquement supérieure à toutes les autres : on parle alors d'allégeance citoyenne. Le problème devient sensible quand ces systèmes se défont et que l'allégeance citoyenne perd, dans la conscience des uns et des autres, sa vertu prioritaire. Une telle situation se produit mécaniquement dans deux circonstances : soit sous l'effet d'une faible légitimité des institutions en place, soit sous la pression de la mondialisation qui suscite des appels diversifiés d'allégeance spatiale, professionnelle ou culturelle. Autant dire qu'entre ces deux facteurs, nous sommes en plein dans une actualité qui offre des aubaines stratégiques aux entrepreneurs identitaires, anciens ou nouveaux, dégageant par là même des formes inédites et actives d'inter-socialité.

Les entrepreneurs identitaires défient ainsi l'État et son monopole de l'action internationale à partir de leurs marques propres : communautaires (familiale, clanique ou tribale), ethniques, locales (telle une province visant l'autonomie voire l'indépendance) ou religieuses. Chacun de ces entrepreneurs est, par nature, en tension ou en rivalité avec les États dans sa quête d'allégeance, dans sa hiérarchisation des valeurs et dans la construction de l'espace, surtout si le pouvoir en place introduit, comme c'est fréquent, des frontières politiques au sein même de sa population de référence. Dès que les institutions donnent des signes de faiblesse, la capacité de tels entrepreneurs se ranime, à l'instar du rôle croissant joué par l'Église catholique et en particulier par Jean-Paul II dans la chute des régimes communistes à la fin des années 1990, surtout en Pologne. De même doit-on souligner la fonction des Églises protestantes, organisant cortèges et prières publiques en RDA ou en Tchécoslovaquie. En monde musulman, le jeu est tout aussi mécanique : l'affaiblissement de pouvoirs, très souvent autoritaires, déplace le curseur vers le religieux qui, du même coup, peut incarner à lui seul toutes les variantes de la palette politique. L'exemple de la Perse est significatif, plaçant la hiérarchie religieuse dans le camp progressiste et révolutionnaire lors de la révolution constitutionnelle de 1905, le faisant basculer dans celui du conservatisme lors de la réforme agraire de 1963, puis se laissant écarteler, en 1979, entre progressistes (Mahmoud Taleghâni) et conservateurs (autour de Ruhollâh Khomeiny).

Il est clair que ce soudain déplacement des allégeances, et la socialisation renouvelée qui en dérive, créent une sorte d'« orage » dans le système international, de plus en plus fréquent dans le stade actuel de la mondialisation. La sortie des repères politiques traditionnels bouscule les alignements internationaux classiques et suscite des interprétations mêlant l'affectif (« clash de civilisations ») et le naïf. On se souvient que le président américain Jimmy Carter avait élaboré, dès le début de la mobilisation religieuse en Iran, sa doctrine de la *Green Belt*, misant sur une alliance d'inspiration religieuse avec les forces islamistes de la région pour « encercler » l'URSS et attirer Ben Laden à ses côtés, comme il tenta alors de le faire en Afghanistan. Mais, surtout, cette restructuration des allégeances introduit brutalement une nouvelle unité de compte dans le jeu international, l'intensité de l'investissement identitaire pesant directement sur la formation de l'événement international : le religieux n'est pas un simple « survêtement politique », mais une matrice nouvelle qui a ses lois, ses règles, ses leaders et ses tabous.

Le jeu devient évidemment plus complexe en situation de crise aiguë, quand l'appel du vide lié à l'affaiblissement des structures politiques incite à la revitalisation ou à l'invention d'entrepreneurs identitaires nouveaux qui canalisent et gèrent à leur profit les attentes déçues de tel ou tel secteur de la population, jusqu'à se faire acteurs du conflit et entrepreneurs de violence. L'espace musulman regorge d'exemples de cette nature, mais nous avons déjà vu que le monde hindou ou bouddhiste n'en était pas exempt[16]. Toute tension sociale glissant vers des formes explicites de conflictualité donne couramment naissance à une kyrielle de mouvements qui rivalisent sur le marché identitaire afin de s'imposer dans l'encadrement politique de populations en rupture d'allégeance. N'étant pas des acteurs politiques traditionnels, insérés dans le jeu classique du pouvoir et encadrés par un programme politique déterminé, ces nouveaux acteurs s'imposent grâce à une surenchère où se mêlent, avec d'autant plus de facilités, la séduction des référents identitaires ethniques ou religieux, la reprise passive et populiste des attentes sociales de la population en manque, et les options stratégiques propres à chaque leader.

Nous avons vu comment cette matrice a présidé à la naissance et aux transformations de Boko Haram[17]. Si on reste dans le grand Sahel, cette logique de l'appel identitaire et de la diversification de l'offre apparaît clairement. Ainsi, le Groupe salafiste pour la prédication et le combat (GSPC) est constitué, en 1998, comme scission du Groupe islamique armé (GIA) : il vient tout naturellement d'Algérie, qui sort d'une longue guerre civile. Se

16. Voy. chapitre 5.
17. Voy. chapitre 5.

rapprochant d'Al-Qaïda, il se transforme, en 2007, en AQMI, obéissant alors à une matrice stratégique. Face à lui, Ansar Dine naît en 2012, prônant l'adoption de la charia comme législation unique mais incarnant en même temps la spécificité de la cause touareg, suivant ici une matrice ethnique : le groupe fusionne ensuite avec AQMI, afin de donner naissance, en 2017, au Groupe de soutien à l'islam et aux musulmans (GSIM), conformément, cette fois, à une option stratégique. On le distinguera du MUJAO, formé en 2011 et qui s'adresse explicitement aux Arabes maliens et aux Peuls. La formation fusionne en 2013 avec une branche dissidente d'AQMI menée par Mokhtar Belmokhtar, pour donner naissance aux Morabitun. De leur côté, les Peuls du Mali et du Burkina Faso disposent depuis 2016, d'une offre qui leur est propre, avec Ansarul Islam, menée par Ibrahim Malam Dicko dans le but énoncé de venger les humiliations subies par les Peuls du Soum (nord du Burkina). Enfin, certains combattants marquent, de leur côté, leur allégeance à Daech en créant, en 2015, « l'État islamique dans le Grand Sahara ».

L'offre identitaire compose ainsi avec l'offre stratégique et se renforce de tout un ensemble de prestations qui vont de pair avec la situation d'insécurité humaine et de décomposition sociale : protection qui tourne le plus souvent à la vengeance et tend à s'imposer en veillant à un ordre social strict et en satisfaisant les besoins sociaux élémentaires. Cette manière d'opérer intensifie évidemment la conflictualité et la violence, faute d'instruments de régulation civile. Il s'agit d'une offre identitaire qui se transforme presque mécaniquement en inter-socialité de combat, et qui pèse lourdement sur le jeu international, d'autant que la réaction militaire qu'on lui oppose ne peut, dans ces conditions, que la renforcer, donner plus de sens, de crédibilité et de résonance à ses appels. La socialisation du jeu international diminue clairement les capacités de régulation politico-militaire.

Retour de l'État ?

Il reste que l'appel à l'État semble de retour et s'est même de plus en plus banalisé au fil des temps, particulièrement à la faveur des mouvements sociaux qui ont jalonné l'année 2019. Le populisme qui a pris corps un peu partout n'avait rien de libertaire : il ne dénonçait pas l'État en soi, mais au contraire sa parcimonie, son inefficacité, le manque de protection qui s'inscrivait ainsi à son passif. On perçoit même qu'au Chili comme en France, en Algérie ou au Liban, les cibles désignées sont des personnes, plus que le Léviathan lui-même, qui redevient source d'attentes. La crise du coronavirus amplifie cette pression, tout en démontant que la mondialité s'impose comme le véritable espace collectif de décision. Écartelée ainsi entre le souhaitable et le possible, la réflexion se déplace vers une redéfinition du rôle de l'État, tenu de combiner son identité de prestataire toujours attendu et celle d'un acteur de plus en plus conditionné par la mondialisation. L'État devient fonctionnel, non plus tant dans une souveraineté désormais illusoire, mais dans son rôle de médiateur entre le local et le mondial : il devient un instrument majeur de la « glocalisation », cette approche nouvelle qui rappelle qu'aussi inévitable soit-elle, la mondialisation ne sera supportable que si elle prend en compte la réalité sociale locale[18]. Même plus, la mondialisation comme projet multisectoriel, suppose inévitablement plus de social, car elle aggrave la distance, voire l'opacité, qui sépare l'élaboration d'une politique publique des collectivités concernées.

L'inter-social est d'ailleurs en soi l'expression directe, parfois tragique, de ce déficit présent de médiation : il rejoint la critique acerbe adressée par les mouvements populistes à l'encontre de notables, locaux et nationaux, jugés incapables de porter efficacement cette action médiatrice. À quel prix, à quelles conditions, un État régénéré ou actualisé pourrait-il s'adapter à ces exigences nouvelles ? Certainement pas sur un mode souverainiste ni strictement compétitif qui ne correspond pas aux interdépendances croissantes que nul ne peut plus abolir. On devine donc les substituts : sur le plan vertical, c'est davantage une *logique d'échelle* qui tend à s'imposer, articulant habilement le local, le national, le régional supranational et le mondial. Sur le

18. Robertson, 1992.

plan horizontal, on retrouve un besoin de *gouvernance* associant étroitement les acteurs politiques et les acteurs sociaux, dont il faut admettre que leur irruption sur la scène internationale est sans retour, voire indispensable pour articuler les nouvelles attentes collectives.

La question porte évidemment sur la faisabilité d'un tel modèle dont certaines esquisses ont été profilées au gré des circonstances et des urgences, dans quelques domaines comme la communication ou les transports, notamment l'aviation civile. Mais sa pleine réalisation reste soumise à la volonté et à la capacité politiques de le promouvoir, et à l'existence de pistes institutionnelles capables de lui donner forme. Volonté et capacité se rejoignent pour conduire les gouvernements à abandonner ou à redéployer une part de leurs compétences. Ici, l'obstacle est majeur, tant la conjoncture est à un nationalisme ambiant et à une diminution presque générale de la confiance des opinions dans leur gouvernement. Un bas niveau de confiance, associé à une activation du nationalisme, n'incite pas les gouvernements à redéfinir leur action dans une perspective multilatérale : le souci de se restaurer à court terme l'emporte sur celui de se réformer à moyen terme. Or les données récentes sont édifiantes. Un sondage international effectué par le Pew Center à la fin du printemps 2019[19] compare le niveau de confiance des citoyens dans la capacité de leur gouvernement d'agir « pour le bénéfice de tous » à celui qu'il était en 2002. Son effondrement est spectaculaire et ne peut qu'engourdir les acteurs étatiques : il passe de 65 % à 46 % aux États-Unis, de 66 % à 44 % en Grande-Bretagne, de 88 % à 30 % en Italie, de 50 % à 38 % en Russie, de 78 % à 26 % au Liban, de 86 % à 48 % en Allemagne. Faible en France dès 2002 (40 %), il est de 44 % en 2018. Le Japon est une rare exception : partant de très bas en 2002 (26 %), il remonte la pente et atteint les 42 % en 2019... Le *statu quo*, mêlé à une rhétorique populiste et souverainiste, semble à court terme beaucoup plus tentant !

Les pistes institutionnelles sont, dès lors, difficiles à repérer dans le court terme, et ne motivent évidemment que très peu les

19. *Pew World*, 27 février 2020.

gouvernements. Elles seront d'autant plus praticables par les États qu'elles correspondront aux ressources dont ils disposent : la nature de leur investissement préalable dans le multilatéralisme, leur rapport effectif à la mondialisation, et leur aptitude à convertir une politique de sécurité nationale en promotion d'une sécurité globale apparaissent comme les trois facteurs décisifs de cette conversion.

Chapitre 9

Les politiques étrangères face à l'inter-socialité

En fait, la manière dont est conçu ce nouveau rapport au global tend à devenir un élément discriminant entre les politiques étrangères de demain. Le modèle westphalien calait les États dans l'affinement incessant de leur politique de rivalité. La coopération était envisagée par certains internationalistes libéraux comme une stratégie rationnelle capable d'atténuer les risques associés à ce jeu de gladiateurs[1] : mais ce correctif ne changeait en rien notre monde ; son bilan reste d'ailleurs modeste au regard de la fragilité présente du multilatéralisme, conduisant même nombre d'acteurs et d'observateurs à conclure à l'échec de celui-ci. Ne convient-il pas, dans ces conditions, d'inverser l'analyse et de partir du recensement des besoins sociaux nouveaux pour situer avec précision la nature de l'innovation nécessaire, à l'image de ce que fut la démarche de David Mitrany en plein milieu de la Seconde Guerre mondiale, lorsqu'il pressentait l'urgente nécessité d'une intégration européenne et d'un ordonnancement multilatéral[2] ?

Aujourd'hui, l'inter-socialité commande sans gouverner, car elle est privée des trois vertus essentielles qui permettent de gérer une collectivité, quelle que soit sa taille : une capacité coordinatrice, là où elle est anarchique par nature ; une faculté régulatrice, là où elle est individualiste ou protestataire ; un droit de sanction, là où elle se heurte au mur de la souveraineté des États. De leur côté, ceux-ci s'affaiblissent face à la pression d'une inter-socialité

1. Keohane, Martin, 1995.
2. Mitrany, 1943.

qu'ils ne parviennent plus à contrôler, ni même moduler. La rencontre fonctionnelle de ces deux sphères devient ainsi un besoin pressant, tant pour les gouvernements que pour les collectivités humaines, au risque, s'il n'est pas satisfait, de laisser en déshérence bien des besoins urgents liés notamment à la mondialisation. L'étude des modalités de cette rencontre, encore hypothétique, permet d'explorer les mutations nécessaires pour adapter les politiques étrangères au temps présent ; elle permet aussi de repérer ceux des États contemporains les mieux dotés pour s'y adonner.

L'orientation nouvelle des politiques étrangères

Si une politique étrangère se définit comme l'allocation autoritaire d'un ensemble de biens destinés à favoriser l'insertion d'une communauté politique nationale au sein de la scène mondiale, nul ne peut aujourd'hui plaider le maintien pur et simple des vieux paradigmes westphaliens, ni arguer de la nécessité de ne rien changer. Ici, le jeu de la réforme paraît gagnant-gagnant : s'adapter à l'inter-socialité permettrait aux États d'apaiser les tensions de plus en plus nombreuses qui les opposent aux dynamiques sociales ayant acquis une pertinence internationale ; bénéficier de relais étatiques permettrait aux acteurs sociaux de promouvoir une action plus lisible, mieux coordonnée et davantage respectée. Plusieurs transformations sont concevables dans cette perspective : certaines peuvent être jugées périlleuses de part et d'autre, entraînant déjà frilosités et esquives ; d'autres, déjà amorcées, ont pu être dangereusement détournées de leurs fonctions. Dans tous les cas de figure, ce processus de rapprochement entre action publique et inter-socialité ne saurait viser la destruction de l'une par l'autre, mais simplement l'optimisation des conditions de leur coexistence.

La première touche à la définition même du *référentiel* de la politique étrangère et à la nature de la *cible* visée : interétatique, la politique étrangère traditionnelle se réfère principalement, voire exclusivement, à un monde fait de rivalités de puissances, chacune étant en charge d'optimiser la satisfaction de l'intérêt national dont elle est porteuse. Ce référentiel classique pose de nos jours un double problème. D'une part, il ne perçoit la mondialisation que comme un accessoire stratégique de la compétition entre États, en ignorant sa dynamique propre. D'autre part, il marginalise les acteurs et les enjeux sociaux qui ne sont plus que des cibles indirectes de son action. Pour réellement s'accomplir, le changement de référentiel suppose donc une réévaluation de la dimension sociale de la vie internationale et un accès prioritaire aux enjeux qui la composent, enfin reconnus comme prioritaires sur l'agenda international. Plusieurs erreurs ont pu être commises dans ce cheminement encore incertain.

D'abord, celle de confondre trop vite ces orientations nouvelles avec l'idée devenue obsessionnelle de « diplomatie économique » : même si celle-ci s'ouvre à de nouveaux acteurs et à de nouvelles pratiques[3], elle tend à renouer avec le mercantilisme d'antan en sous-estimant toujours la part propre aux dynamiques sociales. Insensiblement, la diplomatie économique devient mutuellement instrumentale : elle cherche prioritairement à renforcer la puissance d'un État par la mobilisation concurrentielle de ses ressources économiques ; elle tente d'aider les opérateurs économiques en leur offrant l'appoint des services publics. Aussi estimables que soient ces apports, cette diplomatie reste ainsi conforme à l'ancien logiciel : la dimension sociale se trouve mise de côté, même ignorée. Le jeu concurrentiel de puissance prend le dessus, aux dépens d'une vision d'ensemble intégrant notamment les considérations éthiques : la priorité donnée aux impératifs commerciaux, notamment ceux liés aux ventes d'armes, conduit à oublier l'essentiel. À quoi s'ajoute couramment une seconde erreur consistant à séparer arbitrairement le politique « pur » de la mondialisation, comme le suggère par exemple l'actuel organigramme du ministère français des Affaires étrangères, dans lequel la Direction générale de la mondialisation (DGM), créée en 2009, recouvre tous les secteurs de l'action internationale à l'exception du politique qui conserve sa propre direction, comme si celui-ci était indépendant du jeu global ! Cette dualité radicale ne se retrouve pas dans d'autres pays, mais la

3. Bayne, Woolcock, 2007 ; Van Bergeijk *et al.*, 2001.

mondialisation ne dispose nulle part ailleurs des instruments organisationnels permettant de la gérer comme telle. La mondialisation est progressivement reconnue comme un paramètre des relations internationales, tout en étant absente des organigrammes ou au contraire parquée dans un espace spécifique permettant de l'ignorer dès qu'on aborde les sujets « classiques » de la vie internationale.

Ce nouveau référentiel suppose, de même, un changement culturel profond dans le mode de formation des agents, dans la redéfinition du concept de sécurité internationale, ou dans la construction du rapport au droit international, qui reste fondamentalement conservateur et intergouvernemental malgré certaines avancées opérées par le biais de la « *soft law*[4] » : autant d'éléments qui, de par leur absence, avaient naguère rendu inaudible la mise en évidence du concept de sécurité humaine. On se heurte ici à un dilemme ardu : ou cette promotion de la mondialisation est activée par l'État, comme ce fut le cas progressivement en Chine, et elle reprend alors une coloration politique qui la défigure ; ou elle est reléguée à la marge, comme on le constate dans le monde occidental, et le conservatisme diplomatique l'emporte. La solution se trouve peut-être dans la réévaluation des postes locaux qui, au contact des réalités sociales concrètes, sont spontanément plus sensibles au poids du facteur social. Elle est aussi dans le renforcement de la formation socio-anthropologique des agents : un diplomate n'est aujourd'hui performant que s'il a une connaissance approfondie des tissus sociaux. Dans un cas comme dans l'autre, l'élaboration *bottom-up* de la politique étrangère est appelée à se renforcer et s'inscrit dans l'évolution nécessaire des mœurs diplomatiques. Cette rupture avec la vieille tradition *top-down*, multiséculaire en politique étrangère et héritière du pouvoir régalien, ne contredit évidemment pas le rôle du prince dans la définition des principes généraux animant la politique menée : une telle évolution ne serait qu'un hommage rendu à la diversité croissante du monde, une preuve de modestie face aux incertitudes de la puissance, et une façon d'accélérer le passage à un référentiel davantage axé vers le social, plus attentif à ce qu'on appelle le « terrain ».

4. Delmas-Marty, 2019.

Le second axe de transformation des politiques étrangères concerne les *moyens humains et matériels* qui se trouvent mobilisés. Si l'on suit la définition donnée par Robert Sharp, la diplomatie consiste à gérer, et donc à réduire, les « séparations[5] ». Prise dans ce sens difficilement contestable, elle suppose, dans un contexte d'inter-socialité, d'agir en étroite symbiose avec les acteurs sociaux qui deviennent soit des partenaires privilégiés de dialogue, voire de négociation, soit des acteurs intégrés dans l'élaboration, voire dans l'exécution, des politiques étrangères. La rigueur westphalienne rend les deux initiatives suspectes, tout particulièrement la première : le contact direct avec des entrepreneurs identitaires relevant d'une autre souveraineté est largement critiqué, surtout lorsque l'organisation en question recourt à la violence. Dans le cas sahélien, elle a même conduit la diplomatie française à dissuader, à plusieurs reprises, le gouvernement malien d'ouvrir des négociations avec certains groupes rebelles[6]. Ce principe ne fait plus sens aujourd'hui, compte tenu de la modification profonde qui affecte la nature des conflits : cette exclusion formelle conforte les groupes en question dans leur radicalité, bloque toute possibilité de sortie de crise et condamne à des discussions secrètes et parallèles dans lesquelles les parties gouvernementales sont évidemment désavantagées.

Quant à l'intégration des acteurs sociaux, notamment les ONG, dans la mise en œuvre des politiques étrangères et des grandes négociations, elle oscille dangereusement entre deux excès : l'embrigadement des ONG, notamment par les régimes autoritaires qui les annexent purement et simplement dans des GONGO (*Government-Organized Non-Governmental Organizations*) en leur faisant perdre du même coup leurs fonctions sociales[7], ou leur marginalisation sous forme de consultations symboliques et formelles opérées à la hâte la veille de grandes réunions internationales, ou sous forme d'assemblées parallèles émettant de simples vœux et déresponsabilisant *de facto* les organisations invitées. En réalité, le système international a atteint aujourd'hui un

5. Sharp, 2009, p. 10.
6. *Le Monde*, 13 février 2020.
7. Naím, 2009.

niveau de socialisation qui impliquerait davantage de symbiose et d'élaborations communes, de mutualisation des expériences, selon un modèle proche de ce que furent les orientations néocorporatistes à l'intérieur des États, telles que déjà décrites[8].

Le troisième axe conduit à reconsidérer *la nature et l'échelle des biens* recherchés par les États sur la scène mondiale. La politique étrangère traditionnelle tient pour acquise l'individualisation des biens convoités, qui ont pour unique fonction de servir les intérêts nationaux, afin de satisfaire certains besoins économiques de la collectivité nationale, de pourvoir à la sécurité du territoire ou de consolider les principaux attributs propres à la souveraineté du pays. En ce sens, ces biens font l'objet d'une concurrence permanente qui se solde par la victoire du plus puissant ou du plus rusé. Une telle conception est en profonde harmonie avec les caractéristiques du vieux modèle westphalien : elle souffre cependant d'un double décalage par rapport à la réalité mondiale présente. D'une part, elle marginalise, voire occulte, tout un ensemble de biens désormais prioritaires, qui sont solidaires et non plus concurrentiels, c'est-à-dire dont le commun partage est bénéfique pour tous : telle est, par exemple, la nature des allocations protégeant contre un risque sanitaire ou environnemental, dont le défaut se répercute négativement sur l'ensemble de la planète. D'autre part, la promotion même de l'idée d'intérêt national et son usage emblématique interdisent la prise en compte des exigences propres à la sécurité globale, qui reste paradoxalement hors du champ des politiques de défense toujours définies en termes exclusivement compétitifs. La négligence dont ont fait preuve presque tous les États face aux risques globaux tient à cette grammaire qui assimile défense et sécurité nationale, ainsi que défense et souveraineté. La sécurité globale – comme bien commun – devient une propriété majeure du système international et conduit inévitablement, dans de nombreuses circonstances, à détacher la politique étrangère de l'intérêt national : aujourd'hui, la sécurité nationale n'a de chance de s'accomplir que dans un contexte de sécurité globale préalablement acquise, comme la crise du coronavirus l'a très vite démontré.

8. Voy. chapitre 8.

Cette nouvelle hiérarchisation des biens a deux effets majeurs sur la grammaire des politiques étrangères. D'une part, elle dévalue la pertinence du jeu à somme nulle, si populaire à l'époque classique : dans la quête d'une sécurité globale, le gain des uns devient mécaniquement celui des autres. Certes, la concurrence ne disparaît pas : course au statut pour apparaître plus performant que le voisin dans ce type de croisade, compétition pour maximiser le nombre d'instruments mis au service de ces buts, comme l'a suggéré la « bataille des masques », gestion partitive des populations nationales. Cependant, pour l'essentiel, le but n'est plus la victoire d'un État sur l'autre, mais la réduction d'un fléau dont la pérennité est une commune menace pour tous. Cet apprentissage d'un jeu « gagnant-gagnant » a du mal à s'imposer en politique étrangère, tant l'élaboration de celle-ci échappe aux strates multilatérales qui ne sont servies qu'en aval des politiques élaborées. D'autre part, la culture classique valorise toujours la prise en compte des biens de compétition sur les biens globaux : d'où la préférence donnée aux biens politiques et économiques sur les biens sociaux, surtout lorsque ces derniers sont globaux. Significativement, les biens sociaux ne sont considérés que lorsqu'ils peuvent nourrir une compétition internationale, comme dans le cas du dumping social, ou susciter dangereusement des externalités négatives, comme le font certaines maladies ou quand il s'agit de migrations... Ceci explique pourquoi le rapport consacré par le PNUD à la sécurité humaine en 1994 a eu si peu d'effets sur les politiques étrangères des puissances traditionnelles, sauf sur celles qui espéraient se valoriser en assurant sa promotion. Cette désertion par les États des questions sociales internationales alimente l'inter-socialité et accentue son orientation contestataire ; elle suscite un besoin urgent de recentrage de l'agenda international sur les enjeux sociaux qui, aujourd'hui, provoquent davantage de morts que tous les autres réunis : si l'insécurité alimentaire tue jusqu'à 9 millions de personnes par an, la pollution serait, d'après la société européenne de cardiologie, responsable de 8,8 millions de décès dans le monde[9].

9. *European Heart Journal*, 12 mars 2019.

Dans ce jeu en grande partie inédit, la notion clé d'ennemi devient secondaire par rapport à celle de partenaire. Il est remarquable que les tenants les plus résolus de l'ancienne approche aient eu pour principal réflexe de conflictualiser une menace qui ne relève pourtant pas d'une stratégie martiale. Donald Trump a même utilisé le vocable d'*ennemi* pour désigner le coronavirus[10] et s'est acharné à le désigner comme un « virus chinois[11] ». Cette conversion à contresens de l'histoire coûte évidemment très cher en affaiblissant la mobilisation opposable à la menace : on en a pris la pleine mesure en contemplant les semaines de blocage qui ont affecté la rédaction d'une résolution que le Conseil de sécurité des Nations unies devait lui consacrer, entre mars et avril 2020.

Le quatrième axe a trait à l'intégration, dans le corps des politiques étrangères, des *aspects culturels et perceptifs* qui distinguent les sociétés les unes des autres, dimension jusque-là négligée au nom d'une conception naïvement universaliste des relations internationales. Nous avons vu que l'inter-socialité devait une part remarquable de son succès à la diversification des cultures qui a suivi la décolonisation et accompagné la mondialisation. Elle rompait ainsi avec des siècles d'homogénéité culturelle qui triomphait évidemment lorsque le système westphalien se limitait de fait à la seule Europe. Les politiques étrangères qui en ont alors dérivé ont été par conséquent nourries d'ethnocentrisme, dans leur verbe, dans leur vision du monde et de ses normes, comme dans le sens qu'elles donnaient à leurs pratiques. Ce circuit fermé a encouragé la formation, hors de lui-même, d'expressions libres, déviantes et méta-institutionnelles qui ont atrophié le domaine des échanges officiels, laissé le champ libre à l'inter-socialité et banalisé tout un ensemble d'incompréhensions qui déstabilisent gravement le jeu international encore aujourd'hui. Déjà, en son temps, le politiste américain Robert Jervis avait attiré l'attention sur les risques d'incompréhension qui pesaient sur une politique internationale qui commençait alors à se mondialiser[12]. La menace n'a pu que s'aggraver depuis !

10. Tweet du 20 avril 2020.
11. *Fox News*, 24 mars 2020.
12. Jervis, 1976.

La recherche a permis, en revanche, de préciser les contours du problème. Plusieurs travaux menés en relations internationales ont montré comment l'identité sociale modulait fortement les rapports entre États : plus la différence culturelle est forte, plus la méfiance a tendance à l'emporter ; plus l'affirmation identitaire est marquée, plus le risque conflictuel est élevé. Le phénomène est paradoxal : plus on avance dans la mondialisation, plus l'échange, au lieu d'être fonctionnel, se trouve contrarié par les décalages entre cultures[13]. En allant plus loin, on constate que les relations internationales contemporaines atteignent un niveau inquiétant de dissonance culturelle, c'est-à-dire de non-partage de sens[14] : en un mot, les protagonistes ne se comprennent pas, ce qui augmente dangereusement le risque de confrontation. D'autant que ce processus opère à deux niveaux, à celui de la simple communication interétatique qui reste brouillée, et à celui de l'élaboration stratégique, tant les acteurs stigmatisent davantage ceux qui sont éloignés de leurs référents familiers : l'autre est dénoncé comme évidemment moins « civilisé », donc potentiellement dangereux ou coupable, réflexe hautement familier dans la gestion occidentale des conflits moyen-orientaux.

Cette pulsion est d'autant plus redoutable et dysfonctionnelle qu'elle pousse à la reconstitution des blocs selon des lignes culturalistes bien connues (« Occident », « chrétienté », « monde libre », « camp de la démocratie ») qui non seulement perturbent la mondialisation, mais suscitent aussi des réactions culturalistes de surenchère chez les exclus, entraînant l'inter-socialité dans des logiques de conflit et de violence que nous avons déjà analysées[15]. Aussi la pacification des relations inter-sociales exige-t-elle une reconnaissance du corpus culturel de l'autre, ce qui suppose de le connaître, de le respecter, de savoir l'interpréter et de pouvoir construire, hors de toute obsession développementaliste, une codification commune à tous. En termes concrets, que territoire, frontière ou nation n'aient pas le même sens en Europe, en Chine, en Afrique ou au Moyen-Orient ne porte en

13. Gartzke, Gleditsch, 2006.

14. Geertz, 1973.

15. Voy. chapitre 6.

soi aucune fatalité conflictuelle ni ne suppose aucune hiérarchie donnant raison aux uns et tort aux autres : le décalage de sens implique seulement que celui-ci soit conscient et aménagé pour déboucher sur une universalité crédible qui ne soit unilatéralement imposée par personne. Peu de pistes concrètes vont actuellement dans ce sens, y compris au sein du système onusien : peut-être est-ce là le principal signe de fragilité du jeu international contemporain.

Le cinquième axe est cette fois de type vertical, réintroduisant l'idée, quelque peu aménagée, d'une *politique à deux niveaux* (*two-level game*). La thèse avait déjà été élaborée, il y a quelques décennies, par le sociologue américain Robert Putnam[16]. Elle expliquait alors que tout négociateur international devait s'inscrire simultanément dans deux tractations : l'une avec ses homologues, représentants des États partenaires, et l'autre avec sa propre société, de plus en plus impliquée dans la gestion des grands enjeux internationaux. La thèse était prémonitoire : elle suggérait, dès cette époque, que le temps de l'indifférence pour les questions internationales n'était plus de mise au sein des sociétés modernes, que ces questions perdaient peu à peu leur vieille réputation de « domaine réservé du prince ». On constate en outre que les grands enjeux internationaux mobilisent de plus en plus de lobbies en tous genres qui entrent, d'une manière ou d'une autre, dans le circuit de la décision, qu'il s'agisse par exemple des activités de pression en matière de protection de la biodiversité[17], de vente d'armes[18], ou encore d'exploitation du sous-sol, comme en Afrique, où le lobbying transite par des négociations privées avec le pouvoir politique local[19]. Ce jeu d'ombre, souvent douteux, favorise des inter-socialités d'autant plus négatives qu'il échappe à toute norme et à tout contrôle institutionnel... Mais, en revanche, Putnam est peu sensible au poids de l'espace public, à l'intégration de l'opinion publique et donc à la démocratisation de la politique étrangère. Cette

16. Putnam, 1988.
17. Orsini, 2010.
18. Keller, 1995 ; Stohl, Grillot, 2009.
19. Reno, 2001.

négociation à deux niveaux suppose ainsi l'ouverture de débats publics, très rares en politique étrangère, y compris au Parlement, comme une plus grande ouverture des médias à ces questions. À titre d'exemple, le journal télévisé de 20 h diffusé par France 2 le 10 septembre 2019 ne mentionnait aucune information de politique étrangère alors que la journée avait été marquée par trois faits internationaux majeurs : la répartition des nouveaux portefeuilles au sein de la Commission européenne, le renvoi par Donald Trump de son conseiller à la sécurité nationale John Bolton, et l'annonce par Benyamin Netanyahou de son intention d'annexer une partie de la Cisjordanie.

Non seulement la socialisation à de tels débats est un moyen d'impliquer démocratiquement les peuples dans l'édiction de la politique étrangère, conformément à ce frein salutaire jadis envisagé par Woodrow Wilson, mais elle est aussi un instrument utile de blocage des *fake news* et des rumeurs de toute sorte, aisément transmissibles dans des sociétés sous-informées, et qui corrompent dangereusement les inter-socialités trop souvent amenées à se nourrir de clichés nationalistes, xénophobes ou racistes. L'intégration dans cette chaîne verticale des associations, des ONG ou des syndicats correspond à un besoin propre à cette nouvelle étape, alors que plusieurs voix, au sein de ceux-ci, insistent précisément sur la nécessité de concevoir les grands enjeux internationaux en termes sociaux, et tandis que les mouvements sociaux font de plus en plus l'actualité internationale[20].

Enfin, dernier axe, la politique étrangère est appelée à revoir l'*articulation* entre l'ancien et le nouveau référentiel. Les politiques étrangères sont, de toutes les politiques publiques, celles qui sont marquées par le niveau de conservatisme le plus élevé. Il en est ainsi probablement parce qu'elles sont, parmi toutes, les plus éloignées de la société, de ce qui est tenu pour instable, tandis qu'elles ont longtemps entretenu l'illusion qu'elles incarnaient la permanence d'un État dont l'identité devait garder quelque chose d'immuable. Les canons de la « géopolitique » y étaient pour beaucoup, construisant leurs hypothèses sur une

20. Thibault, 2016 ; Waterman, 2001.

vision figée des territoires et de la puissance. Cette représentation a eu la vie dure, encouragée jusqu'à l'artifice par la pression de la guerre froide et de la bipolarité. Pourtant, cet ancien jeu ne convainc plus : insérés dans la mondialisation, les États doivent se plier à davantage de souplesse ; l'effet de mobilité et d'interdépendance condamne les alliances figées, les alignements préconstruits, dont se joue précisément l'inter-socialité qui préfère la fluidité, l'adaptation aux circonstances, l'initiative pragmatique, les coalitions changeantes – qui opte, en bref, pour le partenariat davantage que pour le gel des rapports « ami-ennemi ».

De même, face à la décomposition de l'idée de puissance, les États ont-ils dû évoluer vers la recherche alternative d'un statut : faute de convaincre par un usage concluant de la force, ils cherchent dorénavant à consolider leur rang, c'est-à-dire l'importance qu'on leur reconnaît sur la scène mondiale et qui les autorise à exprimer de manière audible leur point de vue, peut-être à faire prévaloir leur intérêt. Cette conversion ne couvre que la moitié du chemin à parcourir : dans un jeu globalisé et « socialisé », l'État ne sera reconnu qu'en fonction de son investissement multilatéral et de son aptitude à se faire respecter au sein du « concert international ». Dans un monde post-westphalien, l'unilatéralisme impressionne mais conclut rarement en la faveur de celui qui le pratique. Aussi la rationalité optimale du joueur qui se retrouve sur la scène internationale consiste-t-elle à imposer plutôt sa capacité normative dans le processus multilatéral. Autrement dit, la théorie de la coopération devient imparfaite : il ne suffit plus de coopérer pour gagner plus, mais il convient d'amener les autres à coopérer pour les conduire à adopter des normes favorables. Si, dans un jeu global, on postule que celles-ci sont communément avantageuses pour tous, on peut concevoir aussi qu'elles procurent un gain de statut à celui qui entreprend de les inventer. C'est très exactement ici que l'action de l'État peut converger avec celle de l'inter-socialité, le premier agissant comme bras séculier de la seconde, avec une part d'autonomie liée à la qualité de son rôle et à sa nature de détenteur monopolistique des ressources politiques.

VERS UNE NOUVELLE DISTRIBUTION DES CAPACITÉS INTERNATIONALES ?

Et si ces mutations et cette pression croissante exercée par l'inter-socialité venaient à modifier ce qu'on appelait autrefois le « rapport de force » entre les États, leur capacité à peser sur la scène internationale, ce *ranking* valorisé par la science politique anglo-saxonne ? Force est d'admettre que les ressources mobilisables sur une scène internationale socialisée et mondialisée ne sont pas de même nature que celles qui triomphaient du temps de la guerre froide ou des conflits qui l'ont précédée. On a cru, un moment, que la nouvelle bataille était celle du *soft power*[21] : on a déjà montré l'étroite solidarité qui l'unissait à l'inter-socialité, tant cette forme nouvelle de pouvoir international a tenté de s'imposer sur le terrain même de la société. Pourtant, la tentative fut un échec : les vieilles puissances eurent beau mobiliser les références sociales les plus variées, elles surent souvent séduire, mais sans jamais conforter pour autant leur propre politique étrangère. Coca-Cola ne fut d'aucun secours pour populariser les thèses néoconservatrices !

Probablement faut-il chercher ailleurs. Gagner dans la gestion de ce monde inter-social suppose sans aucun doute d'autres capacités : l'apprentissage d'une mondialité conçue à travers d'autres prismes que le simple rapport de puissance ; la distanciation d'avec les relations simplement hiérarchiques, au sein d'un monde qui réclame de plus en plus d'horizontalité ; une vision plus essentielle qu'instrumentale du multilatéralisme. La première de ces qualités plonge ses racines loin dans l'histoire : une culture mondialisée suppose une complète émancipation du modèle concurrentiel westphalien, ce qui handicape d'autant les vieilles puissances et avantage les puissances émergentes dont la mémoire est autre, et qui sont convaincues que la mondialisation ne peut que servir leur épanouissement international. Encore que la nature de chacun des régimes concernés vienne moduler les performances : si la Chine a pu, dans le court terme, tirer avantage de sa nature centralisée, permettant à ses ambassades

21. Nye, 2004.

d'engager totalement ses entreprises dans les accords qu'elles signaient, elle souffre de plus en plus de cette absence d'autonomie entravant ses opérateurs qui ne parviennent pas à s'adapter pleinement au jeu complexe de l'inter-socialité.

La seconde qualité a trait à la gestion même de ses propres appétits de puissance. Une vision classique, militaire et hiérarchisée, a pour effet de sur-politiser le rapport à la mondialisation, lesté de recherches actives de tutelles et d'interventions militaires tous azimuts. Autant de pratiques qui suscitent des réactions de distanciation, voire de rejet, au sein des sociétés civiles visées, qui réagissent le plus souvent par des formes d'action contestataires, peut-être même violentes, ou par des manœuvres de contournement qui, chaque fois, affaiblissent les relations diplomatiques traditionnelles : la France, à travers les avatars de la Fançafrique, ou, plus encore, les États-Unis ont eu à souffrir de ces postures dont les États autoritaires ont également à pâtir dès qu'ils prétendent à la puissance. Le jeu chinois est en partie novateur, en cela qu'il s'efforce de dissocier la domination économique de la

	Apprentissage de la mondialisation	**Distanciation d'avec les relations classiques de puissance**	**Adhésion au multi-latéralisme**
Niveau fort	Très favorable (Chine, émergents)	Favorable (émergents, pays « démilitarisés » ou faiblement militarisés)	Très favorable (Japon, pays scandinaves)
Niveau moyen	Favorable (pays scandinaves, Allemagne)	Fragile (Chine, Turquie, Arabie saoudite...)	Incertaine (Chine, France...)
Niveau faible	Défavorable (néo-nationalisme, pratiques hégémoniques)	Défavorable (États-Unis, Russie, France)	Très défavorable (États-Unis)

Tableau 2 : Les nouvelles capacités internationales

recherche hégémonique politico-militaire, de manière à gagner en efficacité. En revanche, les puissances « démilitarisées », à l'instar de l'Allemagne et du Japon, ou celles émergeant hors des paramètres militaires, comme la Corée du Sud, Singapour, les pays scandinaves ou le Brésil de naguère, y trouvent un avantage considérable.

Enfin, la troisième qualité a trait à la manière de gérer le multilatéralisme contemporain. Né, dans sa version institutionnelle actuelle, aux lendemains de la Seconde Guerre mondiale, le multilatéralisme a depuis connu des phases et des incarnations en fait bien différentes. Antérieur au présent format de la mondialisation, sa première fonction dans l'histoire de l'après-guerre fut de gérer la bipolarité et le rapport entre les deux blocs : l'inter-socialité était alors secondaire et le jeu décisif était régulièrement arbitré au sein du Conseil de sécurité, offrant le premier rôle aux puissances militaires traditionnelles, actualisées par la détention de l'arme nucléaire. Les choses ont évidemment changé : la perte de sens de la puissance militaire n'a nullement décentré le Conseil ni occulté le P5, mais a fait de l'un et de l'autre des éléments de blocage et d'impuissance. Les progrès de l'inter-socialité incitent à regarder désormais du côté du Conseil économique et social, des institutions spécialisées, des agences et des programmes axés sur les questions sociales, comme la FAO, l'OMS, le HCR, le PNUD notamment, mais aussi vers les grandes conférences globales. On voit alors apparaître de nouvelles pratiques diplomatiques, où l'affichage de puissance ne constitue plus l'élément clé et se trouve remplacé par un investissement diplomatique d'un type nouveau, donnant naissance à ce qu'on pourrait appeler une « puissance mondialisée », plus apte alors à s'adapter au jeu inter-social.

Si on croise l'ensemble de ces variables, on voit apparaître plusieurs types de politique étrangère qu'il serait sage de rebaptiser « politique internationale », tant il s'agit désormais de désigner un mode d'insertion dans le monde, plus que la production d'une politique exclusivement conçue en direction de « l'autre ». Le premier est évidemment un type « *conservateur-national* » reposant essentiellement sur la pérennisation d'une politique classique de puissance, impliquant un usage ostensible de l'instrument militaire, conformément à des codes ancestraux. Il concerne surtout, avec des variantes notables, les « vieilles puissances », au nombre desquelles on inclura bien sûr la Russie : il se caractérise par un usage instrumental et méfiant de la mondialisation et par une distance nette par rapport à une inter-socialité dont les États concernés redoutent les coups portés à leur souveraineté qu'ils entendent valoriser et conserver jalousement. Pour les mêmes raisons, ce type de politique étrangère cultive la puissance militaire, ainsi qu'une vision très politique et réaliste des relations internationales. Le social tend à être instrumentalisé, notamment sous forme d'un *soft power* souvent très actif, mis au service des seuls intérêts nationaux. Ce premier type peut épouser une forme radicale, anti-multilatérale et contestataire à l'encontre des formes les plus marquées de mondialisation : c'est la perspective propre au modèle trumpien qui cultive le paradoxe du « leadership isolé ». Il peut être plus atténué, conduisant prudemment à des modes pragmatiques de coopération internationale qui peuvent sélectivement s'ouvrir à l'inter-socialité, dès lors que celle-ci valorise le statut du pays concerné, comme l'a par exemple révélé l'activisme français lors de la tenue à Paris de la COP21.

Le second type, qu'on pourrait nommer « *mondialiste-autocentré* », s'inscrit fortement et ostensiblement dans une perspective valorisant la mondialisation, dont l'État concerné recherche les bénéfices en termes socio-économiques et normatifs. Mais cette ouverture reste contrôlée par un pouvoir politique fort, souvent rehaussé par un attachement marqué au principe de souveraineté nationale. Cette variante est propre à la Chine mais se retrouve communément chez à peu près tous les émergents (Inde, Turquie, Brésil...) qui cultivent de plus en plus les vertus d'un nationalisme qu'ils postulent compatible avec une ouverture active sur la mondialisation. Cette combinaison donne une coloration encore très politique à leurs actions extérieures : l'inter-socialité est, de ce fait, tenue en lisière et les acteurs sociaux se trouvent soit contrôlés, sous forme par exemple de GONGO, soit surveillés ou partiellement appropriés dans les fonctions qu'ils accomplissent, comme le montre l'exemple indien[22]. Le résultat est parfois surprenant, alliant l'exaltation du multilatéralisme à

22. Martin, 2005.

une frilosité accusée dès qu'il s'agit d'élargir ses compétences, notamment dans les domaines sociaux.

Un troisième type est de nature plus *pragmatique*, caractérisant les États les plus fragiles qui sont en même temps en situation d'attente et de suspicion à l'égard des acteurs sociaux, en mesure de leur apporter les prestations dont ils ont urgemment besoin, mais capables également de porter atteinte à leur souveraineté. Cette ambivalence est l'exacte projection du regard que leurs dirigeants portent sur la mondialisation, conjointement planche de salut pour dynamiser le développement et truchement périlleux à même de remettre en cause leurs droits souverains. Face à un espace institutionnel fragile, les acteurs privés peuvent autant profiter des politiques néolibérales pour racheter et recoloniser certains biens précieux comme dans le secteur des mines[23] que se trouver à la merci de pouvoirs politiques arbitraires les clientélisant ou les réprimant. Plus l'action sociale privée se déplace vers le secteur des droits humains, dénonçant les pratiques autoritaires, voire corrompues, d'un grand nombre de régimes, plus leur rôle est dénoncé ou entravé.

Enfin, un dernier type vient à s'imposer, mêlant une capacité proactive sur la scène internationale à un abandon, volontaire ou forcé, des attributs classiques de la vieille puissance. On pourrait parler, à propos des États qui s'y retrouvent, de *puissances mondialisées*, motivées par un multilatéralisme entrepreneurial par lequel certaines d'entre elles, au demeurant dotées de ressources, chercheraient à conquérir un statut international : elles le feraient non par recours aux moyens westphaliens classiques, mais en s'imposant comme gérants et entrepreneurs d'une mondialisation ordonnée. Ce faisant, ces États reviendraient, pour certains, au premier rang de la scène internationale. Il s'agit bien en effet d'un « retour », car plusieurs d'entre eux jouaient jadis les premiers rôles, avant que leur défaite, en 1945, ne les ait conduits à se distancier quelque peu de la compétition internationale classique, à l'instar de l'Allemagne ou du Japon. On pourrait inclure dans cette catégorie certains États d'Asie orientale, à l'instar de la Corée du Sud ou de Singapour, ainsi que la plupart des États scandinaves.

23. Brunel, 2001.

L'ensemble est certes disparate, mais il regroupe des États qui ont tous une bonne raison de miser sur les profils nouveaux de la mondialisation : soit pour faire de leur performance économique une ressource décisive apte à les faire regagner un statut compromis, soit pour engranger les bénéfices d'une émergence réussie, comme la Corée du Sud (devenue septième exportateur mondial), soit encore pour valoriser leur identité d'État virtuel qui, à l'instar de Singapour, les adapte parfaitement au monde post-westphalien, soit enfin pour valoriser leur engagement humanitaire et la vitalité de leurs ONG, à la manière des États scandinaves. Tous retirent de l'inter-socialité de nouveaux atouts dont les puissances classiques ne savent ou ne peuvent pas jouer.

Chacun à leur manière, ces pays ont cherché à s'appuyer sur le système multilatéral pour se faire ou se refaire une santé au plan international. Le Japon, second contributeur financier au sein de l'ONU, s'investit tout particulièrement dans son rôle de producteur de normes multilatérales[24]. L'Allemagne, qui revendique comme l'empire nippon un siège de membre permanent du Conseil de sécurité, a milité parmi les premiers pour que celui-ci produise une résolution robuste sur la crise du coronavirus. Les pays scandinaves ont porté de nombreuses innovations en matière sociale, et ont notamment été, avec le Canada, les principaux promoteurs de l'idée de sécurité humaine. La Corée du Sud en fait une marque de sa politique d'*official development assistance* (ODA)[25]. Tous, à leur manière, s'appuyant sur des politiques de contrats ou sur une activation d'un *soft power* mettant en scène des acteurs sociaux fortement autonomisés, tentent de s'insérer dans le nouveau maillage inter-social, bénéficiant, en outre, d'une image d'autant plus rassurante qu'elle s'éloigne des paradigmes classiques de la puissance. Tels sont probablement les embryons d'une nouvelle politique étrangère tentant d'intégrer les données nouvelles de l'inter-socialité : compte tenu de l'intensité et de la forte autonomie acquises par celle-ci dans l'espace mondial post-bipolaire, il est peu probable que ces timides évolutions puissent mener au-delà d'un simple accompagnement du processus.

---

24. Tanke, in Delamotte, 2019, p. 211-219.
25. Kim *et al.*, 2019.

Conclusion

Vers un « multilatéralisme social » : utopie ou nouvelle pratique ?

L'inter-socialité n'est pas un effet de conjoncture, ni même la simple conséquence de l'essoufflement du système westphalien. Nous avons vu que le social était présent dans le jeu mondial tout au long de l'histoire, et dans les aventures collectives les plus diverses. Discipliné par le politique, voire subordonné à ses prétentions, à mesure que s'imposait un système interétatique, il a largement pris sa revanche au cours des décennies récentes, par l'effet conjugué d'une contestation montante d'un système international affaibli et d'une affirmation forte des paradigmes nouveaux de la mondialisation. Autrement dit, l'inter-socialité proteste et innove en même temps : elle lézarde l'ancien ordre et en produit *de facto* un nouveau. Dans le court terme, la première dimension l'emporte clairement sur la seconde, étant donné la résistance que les institutions en place savent opposer à tout changement. À plus long terme, cependant, la récurrence de telles pratiques ne peut que modifier en profondeur le mode de fonctionnement du système international, routinisant ou officialisant la présence active de nouvelles forces structurantes et de nouveaux partenaires : ainsi que l'ont noté plusieurs auteurs très impliqués dans l'étude de la mondialisation, le multilatéralisme, d'exclusivement intergouvernemental, devient insensiblement « complexe[1] » : ce constat, qui portait alors sur les institutions économiques internationales, s'élargit aujourd'hui à l'ensemble du système onusien et à toutes les organisations régionales.

1. O'Brien, Goetz, Scholte, Williams, 2000.

Que signifie aujourd'hui cette « complexité », et peut-on aller jusqu'à l'institutionnaliser ? La complexité est, dans le contexte actuel, un concept empirique, enregistrant l'activisme présent des mouvements sociaux globaux, leur pertinence internationale, l'impossibilité de les envisager séparément des institutions internationales, et leur apparentement étroit avec toutes les autres émergences sociales perceptibles sur la scène internationale contemporaine : communication généralisée, échanges croissants, mobilité des personnes et des biens, commune exposition aux mêmes risques globaux. Autant de mutations irréversibles qui diversifient les intérêts venant à s'exprimer sur la scène mondiale, qui compliquent la stratégie des États et qui débouchent sur des résultats incertains, fragiles ou d'une grande frilosité, tant il est vrai que devoir combiner les contraires conduit souvent les décideurs à préférer le *statu quo*... On peut imaginer que la récurrence du phénomène ouvrira progressivement la porte à un changement plus formalisé : pourtant, l'intensification remarquable des inter-socialités n'a pas conduit jusqu'ici à leur réelle institutionnalisation. On pourrait aussi concevoir que la pression exercée par les défis sociaux globaux vienne activer le partenariat entre acteurs étatiques et acteurs sociaux : peu de signes vont cependant dans cette direction. On peut enfin spéculer sur les effets d'une crise sociale globale incitant à innover pour parer à l'urgence : la crise sanitaire du Covid-19 a plutôt figé les politiques et l'opinion dans un conservatisme institutionnel saisissant !

Doit-on alors s'en tenir au constat de fait ? Assiste-t-on à l'émergence d'un monde hybride, intergouvernemental dans son droit, dans son étiquetage et dans sa version officielle, mais social dans ses dynamiques, dans sa culture profonde et dans sa quotidienneté ? D'un côté, les princes et leurs pompes ; de l'autre, les contestataires, mais aussi ceux qui, plus banalement, fabriquent l'agenda international par la chronique quotidienne de leur positionnement social ? Entre les deux apparaît un fossé qui s'aggrave chaque jour, faute de mise en ordre et d'institutionnalisation, pour déboucher de plus en plus couramment sur les formes nouvelles de conflictualité qui ensanglantent quotidiennement la planète... L'inter-social serait ainsi un réel incertain, aux conséquences perpétuellement imprévisibles et majoritairement incontrôlables, faisant face à un ordre institutionnel devenu formel et impuissant. Pour reprendre la main, l'État est-il condamné à des abandons de souveraineté ou à une reconnaissance de fait d'un partenariat dont il ne veut pas, tant il porterait atteinte au monopole qu'il est censé exercer sur la vie internationale ? Le paradoxe est fort : plus le pouvoir politique s'installe dans cette intransigeance, plus il pousse le jeu inter-social dans une autonomie de fait qui le rend plus incontrôlable que jamais. Autant dire que l'inter-socialité d'aujourd'hui est aussi instable que source de déstabilisation…

Cette instabilité a pour autant été source d'innovations et de ruptures conséquentes, facteurs d'un *aggiornamento* permanent. Le bilan de l'inter-socialité est loin d'être négligeable : celle-ci a favorisé les processus de décolonisation et la résistance à toute forme d'asservissement impérial ; elle s'est révélée capable de contenir bien des dérives autoritaires, de réagir à la clientélisation des États récemment décolonisés, de contester des tutelles recomposées, de braver des alliances politiques et militaires, de mettre en accusation des politiques étrangères violentes et dominatrices. Dans le contexte d'une mondialisation qui l'a évidemment servie, elle a certes favorisé l'autonomisation d'acteurs privés au sein du marché : mais elle a été la première à dénoncer l'arbitraire de grands groupes multinationaux, à contester les logiques darwiniennes du néolibéralisme, à s'affirmer face aux dérives du multilatéralisme économique. Elle a également promu des formes de solidarité transnationale portées par des ONG et des fondations privées, souvent plus efficaces et réactives que les États ne pouvaient l'être. En un mot, elle ne cesse de replacer l'humain au centre du jeu international, alors que celui-ci était, naguère encore, abandonné aux seuls monstres froids. Elle est même redevenue le sujet principal des relations internationales, renvoyant la géopolitique à son simplisme d'antan, désormais combiné à une naïve désuétude.

Pourtant, cette part de désordre et d'instabilité, venant spontanément à l'esprit quand on évoque l'inter-socialité, n'échappe à personne. Résultant de la rencontre d'acteurs sociaux multiples et des sous-ensembles complexes qui les regroupent, la réalité inter-sociale est confrontée, dans son existence même, à une permanente confusion de niveaux. Elle ne cesse, en effet, de mêler le global et le particulier ; elle inclut autant des mobilisations qui visent à relever des défis planétaires, et donc à promouvoir des intérêts communément partagés par l'ensemble de l'humanité, que des intérêts partitifs. Elle rassemble parfois et elle divise d'autres fois. Elle exprime autant l'aspiration au global que la volonté de protéger le local le plus intime, jusque dans sa dimension familiale. Née de la contestation d'un ordre international de plus en plus décalé, elle dessine les contours de différents niveaux de sécurité qu'elle ne prétend ni hiérarchiser ni ordonner : la mobilisation qu'elle suscite peut être autant motivée par un enjeu mondial que restreint à un intérêt privé. D'où la nature peu précise des énonciations et des aspirations programmatiques qui l'accompagnent.

On peut considérer qu'il en sera ainsi tant que l'inter-socialité s'inscrira prioritairement dans la sphère de la contestation internationale ou dans celle de la seule initiative individuelle. Seul un multilatéralisme social, organisant une gouvernance sociale globale, pourrait faire évoluer cet état de fait. Invention encore obscure, peut-être timidement configurée par la création, dès 1919, de l'OIT, inter-sociale dans sa composition et dans son mode de gestion, puis ensuite par l'essor de plusieurs institutions relevant du système onusien, notamment le PNUD, dont l'identité est foncièrement sociale. Encore faudrait-il, pour parachever l'innovation, que ce multilatéralisme social puisse véritablement s'imposer aux États, au lieu d'être leur simple alibi. Le pari du secrétaire général de l'ONU Kofi Annan était, en 2000, à l'époque des Objectifs du millénaire pour le développement (OMD), de convaincre les États d'adhérer autant aux finalités qu'aux moyens : si la paix était une visée consensuelle, le développement et la question sociale devaient être reconnus comme ses indispensables instruments. Son intention était aussi d'abstraire les gouvernements d'un jeu permanent de pressions qui les poussait à considérer que seules les améliorations internes leur étaient politiquement rentables, là où la promotion du développement international ne leur apportait, disait-on, que très peu de bénéfices. Elle était enfin de susciter une visibilité des questions sociales internationales et d'éveiller ainsi la « responsabilité sociale » des États[2].

2. Annan, 2013, p. 230-232, 235, 264.

Incontestablement, le but a été atteint, au moins dans sa dimension symbolique, car la démarche a marqué une rupture dans l'histoire des mœurs internationales, entraînant une révision des schémas de pensée qui se proposaient d'aborder les relations internationales. Si tous les dirigeants, tant s'en faut, n'en ont pas fait leur principe, leur cécité – ou leur cynisme – ne peut plus désormais échapper aux observateurs les plus conscients ni aux citoyens les plus engagés dans la vie internationale.

De la conscience à la pratique, le chemin reste cependant long : lorsqu'en l'occurrence, l'une est acquise et l'autre pas, l'inter-socialité atteint son maximum de puissance. Il s'agit alors de dire, d'autant plus fortement, ce que le prince ne veut pas voir. À ce moment-là, choisir de passer de l'écoute à l'action pourrait se faire sur la base d'un calcul de coût, en percevant qu'on a plus à gagner, en termes de survie et de gains futurs, à suivre les indications venues d'en bas qu'à les ignorer. C'est ainsi qu'en son temps, la classe politique au pouvoir a opté, rationnellement, et peut-être cyniquement, pour la démocratie, et a choisi de promouvoir les politiques sociales. Le même jeu se profile à l'horizon des relations internationales du troisième millénaire. Redonnera-t-on un statut international au social ? Rendra-t-on, par là même, aux sociétés ce qui, en fait, leur appartient ?

Index des noms

Index des lieux

Bibliographie

Introduction

Aron, Raymond, *Paix et guerre entre les nations*, Paris, Calmann-Lévy, 1962.

Badie, Bertrand, *L'Impuissance de la puissance*, Paris, Fayard, 2004 ; rééd. CNRS Éditions, coll. « Biblis », 2013.

–, *Quand le Sud réinvente le monde*, Paris, La Découverte, 2018.

Burton, John, *World Society*, Cambridge University Press, 1972.

Devin, Guillaume, *Sociologie des relations internationales*, Paris, La Découverte, 2018 [2002].

Durkheim, Émile, *Les Règles de la méthode sociologique*, Paris, Payot, 2009 [1894].

Haass, Richard, « The Age of Non-Polarity. What Will Follow U.S. Dominance », *Foreign Affairs*, 87/3, mai-juin 2008, p. 44-46.

James, Paul, « Human Security as a Left-Over of Military Security, or as Integral to the Human Condition », in Bacon, Paul, Hobson, Christopher (dir.), *Human Security and Japan's Triple Disaster*, Londres, Routledge, 2014.

Jervis, Robert, *Perception and Misperception in International Politics*, Princeton University Press, 1976.

Keohane, Robert, Nye, Joseph, *Power and Interdependence : World Politics in Transition*, Boston, Little Brown, 1977.

–, *After Hegemony*, Princeton University Press, 1984.

Mauss, Marcel, « Essai sur le don : forme et raison de l'échange dans les sociétés archaïques », in *Sociologie et anthropologie*, Paris, PUF, « Quadrige », 1973 [1923].

Merle, Marcel, *Sociologie des relations internationales*, Paris, Dalloz, 1974.

Morgenthau, Hans, *Politics among Nations : The Sruggle for Power and Peace*, New York, A. Knopf, 1948.

Rosenau, James, *Turbulence in World Politics*, Princeton University Press, 1990.

Rothstein, Robert (dir.), *The Evolution of Theory in International Relations: Essays in Honor of William T. R. Fox*, Columbia, University of South Carolina Press, 1991.

Ruggie, John, *Constructing the World Polity*, Londres, Routledge, 1998.

Vernant, Jacques, « Vers une sociologie des relations internationales », *Politique étrangère*, 17/4, 1952, p. 229-232.

Waltz, Kenneth, *Theory of International Politics*, Reading (Mass.), Addison-Wesley, 1979.

–, « Realist Thought and Neorealist Theory », in Rothstein, Robert (dir.), *The Evolution of Theory in International Relations: Essays in Honor of William T. R. Fox*, Columbia, University of South Carolina Press, 1991.

Première partie

Chapitre 1

Auliard, Claudine, *La Diplomatie romaine. L'autre instrument de la conquête*, Presses universitaires de Rennes, 2006.

Boussois, Sébastien, « La montée en puissance des protestants évangéliques dans la politique étrangère américaine », *Revue internationale et stratégique*, 110, 2018, p. 34-42.

Cahen, Claude, « L'évolution sociale du monde musulman jusqu'au XIIe siècle face à celle du monde chrétien », *Cahiers de civilisation médiévale*, 1/4, 1958, p. 451-463.

–, « Technique et organisation socio-militaire dans le monde musulman classique », *École française de Rome*, 44, 1980, p. 691-698.

Contamine, Philippe, « L'idée de guerre à la fin du Moyen Âge : aspects juridiques et éthiques », *Comptes rendus des séances de l'Académie des inscriptions et belles-lettres*, 123/1, 1979, p. 70-86.

–, *La Guerre au Moyen Âge*, Paris, PUF, 1980.

Duby, Georges, *Le Dimanche de Bouvines*, Paris, Gallimard, 1973.

Favier, René, *Les Européens et les Indes orientales au XVIIIe siècle : aspects maritimes, commerciaux et coloniaux*, Paris, Ophrys, 2000.

Gougenheim, Sylvain, *Regards sur le Moyen Âge*, Paris, Taillandier, 2009.

Haudrère, Philippe, *Les Compagnies des Indes orientales : trois siècles de rencontre entre Orientaux et Occidentaux (1600-1858)*, Paris, Desjonquères, 2006.

Lebow, Richard Ned, *A Democratic Foreign Policy*, Londres/New York, Palgrave, 2020.

Marsden, George, *Fundamentalism and American Culture*, Oxford University Press, 1980.

Moeglin, Jean-Marie, Pequignot, Stéphane, *Diplomatie et relations internationales au Moyen Âge*, Paris, PUF, 2017.

Niane, Djibril Tamsir, « Le Mali et la deuxième expansion manden », in *Histoire générale de l'Afrique*, t. IV, Paris, UNESCO/NEA, 1985.

Pawlikova-Vilhanova, Viera, « Rethinking the Expansion of Islam in Eastern and Southern Africa », *Asian and African Studies*, 19/1, 2010, p. 134-167.

Piquard, Patrice, « La Chine du Moyen Âge (581-1279) », *Capital*, 14 septembre 2011.

Tilly, Charles, « War Making and State Making as Organized Crime », in Evans, Peter B., *et al.*, *Bringing the State Back In*, Cambridge University Press, 1985.

Chapitre 2

Badie, Bertrand, *Un monde sans souveraineté*, Paris, Fayard, 1999.

–, *Le Temps des humiliés*, Paris, Odile Jacob, 2019 [2014].

Belissa, Marc, *Repenser l'ordre européen (1795-1802). De la société des rois aux droits des nations*, Paris, Éditions Kimé, 2006.

Bell, David, *The First Total War*, Boston/New York, Houghton Miflin Company, 2007.

Biersteker, Thomas, Weber, Cynthia, *State Sovereignty as Social Construct*, Cambridge University Press, 1996.

Black, Jeremie, *The Rise of the European Powers (1679-1793)*, Londres, Hodder Arnold, 1990.

Contamine, Philippe, *La Guerre au Moyen Âge*, Paris, PUF, 1980.

Cross, Elizabeth, « The Myth of the Foreign Enemy ? The Brunswick Manifesto and the Radicalization of the French Revolution », *French History*, 25/2, 2011, p. 188-213.

Croxton, Derek, Tischer, Anuschka, *The Peace of Westphalia : A Historical Dictionary*, Westport, Greenwood Press, 2001.

Élart, Joann, « Trois batailles pour la République dans les concerts parisiens : Ivry, Jemmapes, Fleurus », *Archives historiques de la Révolution*, 379, janvier-mars 2015.

Kuntz, Joël, « La guerre de Crimée parmi nous », *Le Temps*, 21 mars 2014.

Leclercq, Patrice, « L'individu, la guerre et la Révolution française », *Hypothèses*, 1, 1999, p. 37-43.

Logie, Jacques, *1830 : de la régionalisation à l'indépendance*, Paris, Duculot, 1980.

Marx, Karl, Engels, Friedrich, *L'Idéologie allemande*, Paris, Gallimard, « Folio », 2009 [1845-1846].

Roynette, Odile, « Pour une histoire culturelle de la guerre au XIXe siècle », *Revue d'histoire du XIXe siècle*, 30, 2005.

Schmitt, Carl, *La Notion de politique*, Paris, Flammarion, 2009 [1932].

Scott, Samuel, *From Yorktown to Valmy : The Transformation of the French Army in an Age of Revolution*, Niwot, University Press of Colorado, 1988.

Stengers, Jean, « Le rôle de l'opinion publique dans la genèse d'une guerre : 1870 et 1914 », *Revue belge de philologie et d'histoire*, 82, 2004, p. 407-430.

Chapitre 3

Aubin, Françoise, « Missionnaires en Chine, missionnaires sur la Chine », *Archives de sciences sociales des religions*, 63/2, 1987, p. 177-188.

Badie, Bertrand, *Quand le Sud réinvente le monde*, Paris, La Découverte, 2018.

Bouchon, Geneviève, *Vasco de Gama*, Paris, Fayard, 1997.

Dogan, Mehemet Ali, *The American Board of Commissioners for Foreign Missions (ABCFM)*, Ph. D., University of Utah, 2013.

Gernet, Jacques, *China and the Christian Impact : A conflict of cultures*, Cambridge University Press, 1981.

Guidère, Matthieu, « Petite histoire du djihadisme », *Le Débat*, 3, 2015, p. 36-51.

Hamani, Djibo, *L'Adar précolonial (République du Niger) : contribution à l'étude de l'histoire des États hausa*, Paris, L'Harmattan, 2006.

Hansen, Jens, Weiss, Max (dir.), *Arabic Thought Beyond the Liberal Age : Towards an Intellectual History of the Nahda*, Cambridge University Press, 2016.

Herskovits, Melville, *Acculturation : The Study of the Culture Contact*, New York, Forgotten Books, 2018 [1938].

Hutchison, William, *Errand to the World : Protestant Thought and Foreign Missions*, Chicago University Press, 1987.

Makdisi, Ussama, *Artillery of Heaven*, Ithaca, Cornell University Press, 2008.

Reis, João José, *Slave Rebellion in Brazil : The Muslim Uprising of 1835 in Bahia*, Baltimore/Londres, Johns Hopkins University Press, 1993.

Subrahmanyam, Senjay, *The Career and Legend of Vasco da Gama*, Cambridge University Press, 1997.

Tracy, Joseph, *History of the American Board of Commissioners for Foreign Missions*, New York, Dodd, 1842.

Verdeil, Chantal (dir.), *Missions chrétiennes en terre d'Islam : Moyen-Orient, Afrique du Nord (XVII-XXe siècle)*, Turnhout, Brepols, 2013.

Yérasimos, Stéphane, « Explorateurs de la modernité. Les ambassadeurs ottomans en Europe », *Genèses. Sciences sociales et histoire*, 35, 1999, p. 65-82.

Deuxième partie

Chapitre 4

Arrow, Kenneth, *Social Choice and Individual Values*, New Haven/ Londres, Yale University Press, 1951.

Badie, Bertrand, *Quand le Sud réinvente le monde*, Paris, La Découverte, 2018.

Becker, Gary, « The Economic Way of Looking at Life », *Coase-Sandor Institute for Law and Economics Working Paper*, 12, 1993.

–, « Nafta : The Pollution Issue is Just a Smokescreen », *Business Week*, 9 août 1993.

Bello, Walden, *Deglobalization : Ideas for a New World Economy*, Londres, Zed, 2004.

Braillard, Philippe, *Mythe et réalité du non-alignement*, Genève, Graduate Institute Publications, 1987.

Buchanan, James, *Liberty, Market and State*, New York University Press, 1985.

Coase, Ronald, *The Firm, the Market and the Law*, The University of Chicago Press, 1988.

Dollar, David, Kraay, Aart, « Growth Is Good for the Poor », *Policy Research Working Paper*, WPS 2587, Washington (DC), World Bank, 2001.

Garrett, Laurie, *The Coming Plague : Newly Emerging Diseases in a World Out of Balance*, New York, Farrar, Straus & Giroux, 1994.

Good, Robert, « State-Building as a Determinant of Foreign Policies in the New States », in Martin, Laurence (dir.), *Neutralism and Non-Alignment. The New States in World Affairs*, Westport, Greenwood Press, 1976, p. 3-12.

Kasper, Sherryl, *The Revival of Laissez-Faire in American Macroeconomic Theory. A Case Study of Its Pioneers*, Cheltenham, Edward Elgar, 2002.

Lee, Kelley (dir.), *Health Impacts of Globalization : Towards Global Governance*, Londres/New York, Macmillan, 2003.

Lopez-Martinez, José, 2013, « Sergio de Castro, Chicago Boy et architecte du "miracle chilien" », *Contrepoints*, 15 octobre 2013.

Nelson, Robert, *Economics as Religion : From Samuelson to Chicago and Beyond*, University Park, Pennsylvania State University Press, 200.

Scholte, Jan Aart, *Globalization : A critical approach*, Basingstoke, Palgrave, 2005 [2000].

Stigler, George, *Memoirs of an Unregulated Economist*, The University of Chicago Press, 1988.

Teivainen, Teivo, *Enter Economism, Exit Politics : Experts, Economic Policy and the Damage to Democracy*, Londres, Zen, 2002.

Valdes, Juan Gabriel, *Pinochet's Economists : The Chicago School of Economics in Chile*, Cambridge University Press, 2008.

Chapitre 5

Apard, Élodie, « Les mots de Boko Haram », *Le Monde*, 29 avril 2016.

Azeem Ibrahim, *The Rohingyas : Inside Myanmar's Hidden Genocide*, Londres, Hurst, 2016.

Badie, Bertrand, *La Fin des territoires*, Paris, Fayard, 1995 ; rééd. CNRS Éditions, coll. « Biblis », 2014.

Blanc, Pierre, *Terres, pouvoirs et conflits*, Paris, Presses de Sciences Po, 2020.

Comolli, Virginia, *Boko Haram. Nigeria's Islamist Insurgency*, Londres, Hurst, 2015.

Deegalle, Mahinda (dir.), *Buddhism, Conflict and Violence in Modern Sri Lanka*, Londres, Routledge, 2006.

Douet, Marion, « Afrique de l'Est. Les victimes des nouvelles routes de l'héroïne », *Le Monde*, 8-9 mars 2020.

Durkheim, Émile, *Les Règles de la méthode sociologique*, Paris, Payot, 2009 [1894].

Gamage, Siri, Watson, I. B. (dir.), *Conflict and Community in Contemporary Sri Lanka*, New Delhi, Sage, 1999.

Grégoire, Emmanuel, « Territoires marchands en Afrique subsaharienne », *Historiens et Géographes*, 379, juillet 2002, p. 133-140.

Kawser, Ahmed, Helal, Mohiuddin, *The Rohingya Crisis : Analyses, Responses, and Peacebuilding Avenues*, Lexington Books, 2019.

Keck, Margaret, Sikkink, Kathryn, *Activists Beyond Borders : Advocacy Networks in International Politics*, Ithaca, Cornell University Press, 1998.

Larcher, Laurent, « Guerre et faim dans l'extrême nord du Cameroun », *La Croix*, 2 octobre 2019.

Liwerant, Sara, Kienge-Kienge Intudi, Raoul, *Puzzle de sorties de violence à Kinshasa (RDC)*, Paris, L'Harmattan, 2019.

Montesquieu, *De l'Esprit des lois*, in *Œuvres complètes*, Paris, Seuil, 1964 [1748].

Philips, Joschka, *Bandes de jeunes et émeutes urbaines en Guinée-Conakry*, Paris, L'Harmattan, 2013.

Pourtier, Roland, « Ressources naturelles et conflits en Afrique subsaharienne », *Bulletin de l'Association de géographes français*, 89/1, 2012, p. 34-53.

Thurston, Alexander, *Boko Haram : The History of an African Jihadist Movement*, Princeton University Press, 2017.

Van Binsbergen, Wilm, Hesseling, Gerti, Reijntjens, Filip (dir.), *State and Local Community in Africa. État et communauté locale en Afrique*, Bruxelles, Cahiers du CEDAF/ASDOC, 1986.

Chapitre 6

Aydin, Cemil, *The Politics of Anti-Westernism in Asia. Visions of World Order in Pan-Islamic and Pan-Asian Thought*, Cambridge University Press, 2007.

Balandier, Georges, *Le Pouvoir sur scène*, Paris, Balland, 1992.

Banfield, Edward, *The Backward Society*, New York, Free Press, 1958.

Blanc, Pierre, *Terres, pouvoirs et conflits*, Paris, Presses de Sciences Po, 2020.

Joly, Vincent, « Les résistances à la conquête », in Bouchène, Abderhamane *et al.*, *Histoire de l'Algérie*, Paris, La Découverte, 2012.

Korany, Bahgat, El-Mahdi, Rabab (dir.), *Arab Spring in Egypt*, Le Caire, The American University in Cairo Press, 2012.

Lenoir, Gwenaëlle, « Atbara, berceau des révolutions soudanaises », *Orient XXI*, 17 juin 2019.

Melissen, Jan, *The New Public Diplomacy. Soft Power in International relations*, Basingstoke, Palgrave, 2005.

Morgenthau, Hans, *Politics among Nations: The Sruggle for Power and Peace*, New York, A. Knopf, 1948.

Murphy, David, « Tirailleur, facteur, anticolonialiste : la courte vie militante de Lamine Senghor », *Cahiers d'histoire*, 126, 2015, p. 55-72.

–, « Communisme et anticolonialisme : sur Lamine Senghor », *Contretemps*, juin 2019.

Talon, Claire, Kawakibi, Salam, « Au-delà de la contestation : la force politique constructive des mouvements sociaux dans le monde arabe », *CAREP*, 15 décembre 2019.

Tuch, Hans, *Communicating with the World : US Public Diplomacy Overseas*, New York, St Martin's Press, 1990.

Vaïsse, Maurice (dir.), *Mai 68 vu de l'étranger*, Paris, CNRS Éditions, 2008.

Troisième partie

Chapitre 7

Ashley, John, *Food Security in the Developing World*, New York, Academic Press, 2016.

Audier, Serge, *L'Âge productiviste*, Paris, La Découverte, 2019.

Axworthy, Lloyd, « La sécurité humaine : la sécurité des individus dans un monde en mutation », *Politique étrangère*, 64/2, 1999, p. 333-342.

Buzan, Barry, *An Introduction into Strategic Studies*, Londres, MacMillan, 1987.

Commission sur la sécurité humaine, *La Sécurité humaine maintenant*, Paris, Presses de Sciences Po, 2003.

Czempiel, Otto, Rosenau, James (dir.), *Governance without Government : Order and Change in World Politics*, Cambridge University Press, 1992.

Durkheim, Émile, *De la division du travail social*, Paris, PUF, 1973 [1893].

Kaldor, Mary, « La sécurité humaine, un concept pertinent », *Politique étrangère*, 2006/4, p. 901-914.

McInnes, Colin, Rushton, Simon, "HIV/AID and Security : Where We Are Now ? », *International Affairs*, 86, janvier 2010, p. 225-245.

McKeon, Nora, *Food Security Governance : Empowering Communities, Regulating Corporations*, Londres, Routledge, 2015.

O'Neill, Michael, *Green Parties and Political Change in Contemporary Europe : New Politics, Old Predicaments*, Londres/New York, Routledge, 1997.

Oxfam, *Le Prix de la dignité*, 9 avril 2020.

Piarroux, Renaud, *Choléra. Haïti 2010-2018 : histoire d'un désastre*, Paris, CNRS Éditions, 2019.

Reinert, Magali, « L'émergence de partis verts en Afrique. Entretien avec Papa Meissa Dieng », *Écologie & Politique*, 42, 2011, p. 59-63.

Rosenau, James, *Turbulence in World Politics*, Princeton University Press, 1990.

Sygna, Linda, O'Brien, Karen, Wolf, Johana (dir.), *A Changing Environment for Human Security*, Londres/New York, Routledge, 2013.

Wilson, Paul, *Vaccinations : état des lieux dans les pays en développement et de la recherche*, Rapport pour MSF et Oxfam, 2010.

Chapitre 8

Ahmed, Shamima, Potter, David, *NGOs in International Politics*, Boulder, Kumarian Press, 2006.

Badie, Bertrand, *Le Diplomate et l'intrus*, Paris, Fayard, 2008.

Bressol, Elyane *et al.*, *La CGT dans les années 1950*, Presses universitaires de Rennes, 2005.

Cerny, Philip, *The Changing Architecture of Politic s : Structure, Agency, and the Future of the State*, Londres, Sage Publications, 1990.

Chomsky, Noam, *Chomsky on Anarchism*, Édimbourg, EK Press, 2005.

Daouda, Youssoufou Hamadou, 2014, « La responsabilité des multinationales en Afrique subsaharienne. Enjeux et controverses », *Vertigo*, 14/1, mai 2014.

De Mars, William, Dijkzeul, Dennis (dir.), *The NGOs Challenge for International Relations Theory*, Londres/New York, Routledge, 2015.

Ekelund, Robert, Tollison, Robert, *Politicized Economies : Monarchy, Monopoly, and Mercantilism*, Austin, Texas University Press, 1997.

Habermas, Jürgen, *L'Espace public*, Paris, Payot, 1975.

Jessop, Bob, « Corporatism, parliamentarism and social democracy », in Schmitter, Philip, Lehmbruch, Gerhard (dir.), *Trends toward Corporatist Intermediation*, Londres/Beverly Hills, Sage Publications, 1979, p. 185-212.

Monk, Paul, « The Rise of the Market State », quadrant.org.au/magazine, 1er septembre 2009.

Moran, Theodore, *Multinational Corporations and the Politics of Dependence : Copper in Chile*, Princeton University Press, 1974.

Naím, Moisés, « Mafia States : Organized Crime Takes Office », *Foreign Affairs*, 91/3, mai-juin 2012, p. 100-111.

Renouard, Cécile, « Le développement durable au cœur du métier des entreprises multinationales ? », *Géoéconomie*, 44, 2008/1, p. 81-100.

Robertson, Roland, *Globalisation. Social Theory and Global Culture*, Londres, Sage Publications, 1992.

Schmitter, Philip, Lehmbruch, Gerhard (dir.), *Trends toward Corporatist Intermediation*, Londres/Beverly Hills, Sage Publications, 1979.

Schmitter, Philip, « Still the Century of Corporatism ? », *The Review of Politics*, 36/1, 1974, p. 85-131.

Weiss, Thomas, Gordenker, Leon (dir.), *NGOs, the UN, and Global Governance*, Boulder, Lynne Rienner, 1996.

Chapitre 9

Bayne, Nicholas, Woolcock, Stephen (dir.), *The New Economic Diplomacy : Decision-Making and Negotiation in International Economic Relations*, Farnham, Ashgate, 2007.

Van Bergeijk, Peter, Okano-Heijmansa, Maaike, Melissen, Jan (dir.), *Economic Diplomacy : Economic and Political Perspectives*, Leyden, Brill, 2001.

Brunel, Sylvie, « L'humanitaire, nouvel acteur des relations internationales », *Revue internationale et stratégique*, 41/1, 2001, p. 93-110.

Delamotte, Guibourg, *Le Japon dans le monde*, Paris, CNRS Éditions, 2019.

Delmas-Marty, Mireille, *Sortir du pot au noir. L'humanisme juridique comme boussole*, Paris, Buchet/Chastel, 2019.

Gartzke, Erik, Gleditsch, Kristian, « Identity and Conflict : Ties that Bind and Differences that Divide », *European Journal of International Relations*, 12/1, 2006, p. 53-87.

Geertz, Clifford, *The Interpretation of Cultures*, New York, Basic Books, 1973.

Jervis, Robert, *Perception and Misperception in International Politics*, Princeton University Press, 1976.

Keller, William, *Arm in Arm : The Political Economy of the Global Arms Trade*, New York, Basic Books, 1995.

Keohane, Robert, Martin, Lisa, « The Promise of Institutionalist Theory », *International Security*, 20/1, 1995, p. 39-51.

Kim, E. M. *et al.*, « Human Security in Practice : The Case of South Korea », in Mine Y., Gómez O., Muto A. (dir.), *Human Security*

Norms in East Asia. Security : Development and Human Rights in East Asia, Londres, Palgrave Macmillan, 2019.

Martin, Fabienne, « Le partage des responsabilités : les ONG, l'État et l'OMS face à la lèpre en Inde », *Autrepart*, 35/3, 2005, p. 97-113.

Mitrany, David, *A Working Peace System : An Argument for the Functional Development of International Organizations*, Londres, The Royal Institute of International Affairs, 1943.

Naím, Mosés, « What Is a GONGO ? », *Foreign Policy*, 13 octobre 2009.

Nye, Joseph, *Soft Power*, New York, Public Affairs, 2004.

Orsini, Amandine, *La Biodiversité sous influence ? Les lobbies industriels face aux politiques internationales d'environnement*, Éditions de l'université de Bruxelles, 2010.

Putnam, Robert, « Diplomacy and Domestic Politics : The Logic of Two-Level Games », *International Organization*, 42/3, 1988, p. 427-460.

Reno, William, « How Sovereignty Matters : International Markets and the Political Economy of Local Politics in Weak States », in Callaghy, Thomas, Kassimir, Ronald, Latham, Robert (dir.), *Intervention and Transnationalism in Africa. Global-Local Networks of Power*, Cambridge University Press, 2001, p. 197-215.

Sharp, Robert, *Diplomatic Theory of International Relations*, Cambridge University Press, 2009.

Stohl, Rachel, Grillot, Suzette, *The International Arms Trade*, Cambridge, Polity Press, 2009.

Thibault, Bernard, *La Troisième Guerre mondiale est sociale*, Paris, Éditions de l'Atelier, 2016.

Waterman, Peter, *Globalization, Social Movements and the New Internationalism*, Londres/New York, Continuum International Publishing Group, 2001.

Conclusion

Annan, Kofi, *Interventions. Une vie dans la guerre et dans la paix*, Paris, Odile Jacob, 2013.

O'Brien, Robert *et al.*, *Contesting Global Governance : Multilateral Economic Institutions and Global Social Movements*, Cambridge University Press, 2000.

Table des matières

DEUXIÈME PARTIE
L'avènement de l'inter-socialité moderne

TROISIÈME PARTIE
Système international ou système « inter-social » ?

Du même auteur

Outre la publication annuelle de *L'État du monde* (La Découverte) que Bertrand Badie co-dirige, avec Dominique Vidal, depuis une vingtaine d'années, voici une bibliographie sélective de ses ouvrages :

Le développement politique, Paris, Economica, coll. « Politique comparée », 1978, 1994.

Sociologie de l'État (avec Pierre Birnbaum), Paris, Grasset, 1979 ; Hachette Littérature, coll. « Pluriel », 1983.

Les deux États. Pouvoir et société en Occident et en terre d'Islam, Paris, Fayard, coll. « L'espace du politique », 1987 ; Seuil, coll. « Points Essais », 1997.

L'État importé. Essai sur l'occidentalisation de l'ordre politique, Paris, Fayard, coll. « L'espace du politique », 1992 ; CNRS Editions, coll. « Biblis », 2017.

Le retournement du monde. Sociologie de la scène internationale (avec Marie-Claude Smouts), Presses de Sciences Po / Dalloz, coll. « Amphithéâtre », Paris, 1992, 1999.

Le défi migratoire. Questions de relations internationales (avec Catherine Wihtol de Wenden), Paris, Presses de Sciences Po, 1994.

La fin des territoires. Essai sur le désordre international et sur l'utilité sociale du respect, Paris, Fayard, coll. « L'espace du politique », 1995 ; CNRS Editions, coll. « Biblis », 2014.

Un monde sans souveraineté. Les états entre ruse et responsabilité, Paris, Fayard, coll. « L'espace du politique », 1999.

La diplomatie des droits de l'Homme. Entre éthique et volonté de puissance, Paris, Fayard, coll. « L'espace du politique », 2002.

L'impuissance de la puissance. Essai sur les incertitudes et les espoirs des nouvelles relations internationales, Paris, Fayard, coll. « L'espace du politique », 2004 ; CNRS Editions, coll. « Biblis », 2013.

Le multilatéralisme. Nouvelles formes de l'action internationale (avec Guillaume Devin), Paris, La Découverte, coll. « Textes à l'appui », 2007.

Le diplomate et l'intrus, Paris, Fayard, coll. « L'espace du politique », 2008.

La diplomatie de connivence, Paris, La Découverte, coll. « Les cahiers libres », 2011.

International Encyclopedia of Political Science, 8 vol., Los Angeles, Sage, 2011 (avec D. Berg-Schlosser et L. Morlino).

Le temps des humiliés. Pathologie des relations internationales, Paris, Odile Jacob, 2014.

Nous ne sommes plus seuls au monde, Paris, La Découverte, coll. « Les cahiers libres », 2016.

Quand le Sud réinvente le monde, Paris, La Découverte, coll. « Les cahiers libres », 2018.

L'hégémonie contestée. Les nouvelles formes de domination internationale, Paris, Odile Jacob, 2019.

The Sage Handbook of Political Science, Los Angeles, Sage, 3 vol., 2020.

Rethinking International Relations, Cheltenham, Northampton, Elgar Pub., 2020.